鉄道まるわかり 004

東武鉄道

のすべて 改訂版

JN087175

東京のランドマーク、東京スカイツリー® を背に、一路日光を目指す「スペーシア X」。

夕日に照らされた「スペーシア X」。白色の車体に並ぶ六角形の窓が、今までにない鉄道シーンを描く。

東武特急新時代、「スペーシア X」出発!

長大な利根川を渡り、渡良瀬川沿いに日光線を行く。

青みがかった独特な白色の車体色をまとう「スペーシア X」。東武特急は新時代に向けて発車した。

東武鉄道の現役車両

東武には、大きく分けて特急専用車と通勤電車の2種類がある。ここでは特急形、通勤形の順で掲載する。2017年には蒸気機関車も加わった。（　）は製造初年。

100系（1990年）

200型・250型（1990年）

500系（2016年）

N100系（2023年）

6050型（1985年新造・更新）

8000型・800型など（1963年）

9000型・9050型（1981年）

10000型・10030型・10080型（1983年）

20400型（2018年改造）

30000系（1996年）

50000型（2004年）

50050型（2005年）

50070型（2007年）

50090型（2008年）

60000系（2013年）

70000型（2017年）

70090型（2019年）

C11形123号機（2022年復元）

Contents

第1章　東武鉄道の企業がわかる

第2章　東武鉄道の路線がわかる

第3章　東武鉄道の駅がわかる

※本書の内容は2023年8月1日現在のものです。
※本書の内容等について、東武鉄道およびグループ会社へのお問い合わせはご遠慮ください。

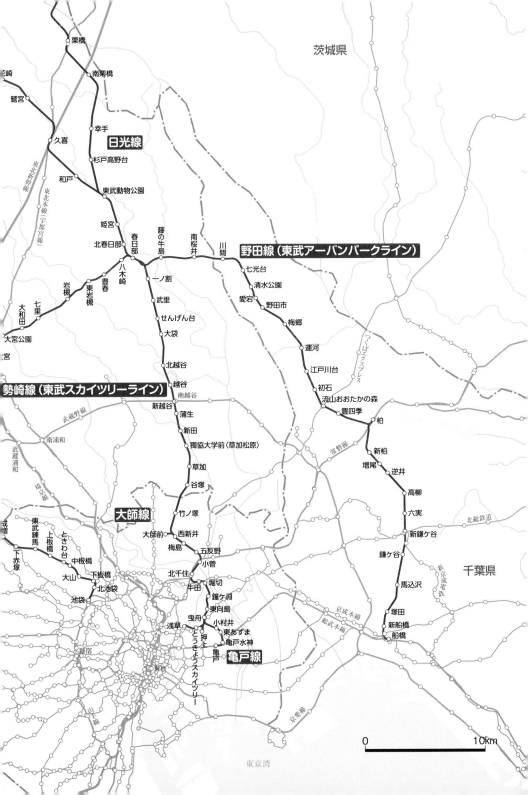

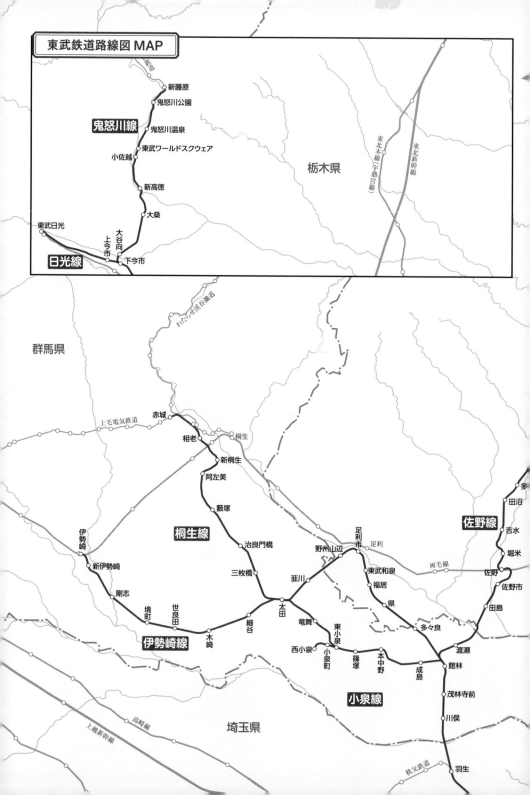

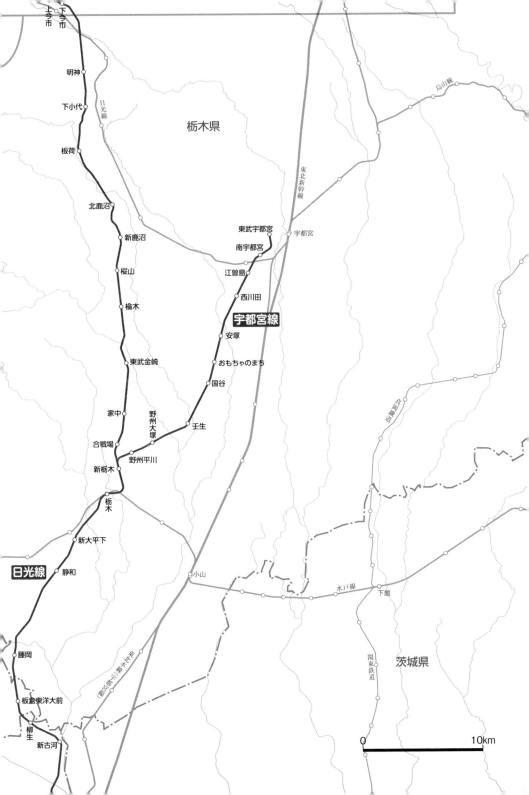

東京スカイツリー® を背に、東京ミズマチ® の上を行く新たなフラッグシップトレイン、N100系「スペーシア X」。
東武の新時代が始まった。

鉄道がつなぐ、東武130年の沿線力

　東武鉄道は、1895年に会社創立願を提出して以来、社名が一度も変わってない
希有な大手私鉄である。それから間もなく130年を迎える。

　明治時代、当時の主力輸出品である生糸や絹織物を輸送するため、東京と主産地
の両毛地域を結ぶことを目的に伊勢崎線が開業。その後、日本の産業構造は大きく
変わったが、沿線は発展を続け、東武スカイツリーラインや東上線は多くの沿線住
民に欠かせない通勤通学路線として日々にぎわっている。

　また、日光線の複線電化での敷設を決断し、地方の温泉地だった鬼怒川温泉を開
発したことは、鉄道王と称される初代・根津嘉一郎の先見の明の賜物である。日光
はその後、世界文化遺産に指定され、国際的観光地として外国人観光客も増え続け
ている。2023年7月15日には、浅草と東武日光・鬼怒川温泉とを結ぶ新たなフラッ
グシップトレイン、「スペーシア X」が運行を開始し、新時代の幕が開いた。

　東武鉄道はこれからも人・物・文化を結び続けるに違いない。

CHAPTER 1 第1章

東武鉄道の
企業がわかる

東武鉄道は、浅草を起点とする伊勢崎線・日光線系統と、池袋を起点とする東上線系統を中心に、東京都から埼玉、群馬、栃木、千葉の4県に広がる鉄道網を持つ鉄道会社である。沿線を中心に運輸事業、レジャー施設やホテル、ショッピングセンターや不動産業を経営し、グループ会社の数は73社にのぼり、一大グループを形成している。

東武本線と東上線の2つの路線系統 インバウンドでにぎわう浅草・日光

東京・埼玉・群馬・栃木・千葉の1都4県に路線を有する東武鉄道は、東日本最大の私鉄として大きな存在感を発揮している。広大な路線網を有しているだけに東武沿線の風景や文化は多様性に富んでおり、その特徴はひと言ではなかなか言い表せない。

関東最大の私鉄として存在感を発揮

東武鉄道は、浅草駅を起点として伊勢崎線を中心にした東武本線系統と、池袋駅を起点とする東上線系統の大きく2系統に分類することができる。この2系統だけでも、色合いは大きく異なる。それぞれの支線は、もっとバラエティに富んでいる。

東武本線系統は、もともと東武自身が敷設した路線を中心に、地方の私鉄を合併して現在に至っている。東武本線系統というものの"本線"と称している路線は存在しない。本線的な役割を担っているのは浅草〜伊勢崎間を結ぶ伊勢崎線だが、特急列車を除けば全区間を直通する列車はない。2012年には浅草〜東武動物公園間、押上〜曳舟間の区間には「東武スカイツリーライン」という路線愛称が付けられた。

一方の東上線系統は、東上鉄道として設立された。東上鉄道は紆余曲折あって、1920年に東武と合併。以降、東上線は東武の路線でありながら、少し趣の異な

る発展を遂げていった。東上線は東上本線と越生線の2路線を有するが、そうした歴史的な経緯があるために東上本線の"本線"は東武全体の本線を意味するのではなく、あくまでも東上線の本線という意味として使われている。

旧・業平橋貨物駅の跡地にできた東京スカイツリー®。その直下を走る伊勢崎線は、東武スカイツリーラインの愛称が付いた。

東武鉄道のもうひとつの幹線、東上本線。池袋の発展とともに利用者数が増加してきた。

ターミナル側の浅草は、江戸時代からの歓楽地。その中心とも言える浅草寺と参道の仲店。

120年を経て、国際観光都市の拠点へ

　江戸期から庶民の歓楽街として発展してきた浅草を拠点にする東武だが、1899年の開業時は北千住〜久喜間を走る小さな鉄道会社に過ぎなかった。少しずつ路線を延ばしたものの、都心側は隅田川に阻まれて浅草まで線路を延伸することが叶わずにいた。現在のとうきょうスカイツリー駅となる吾妻橋駅を起点にしながら営業を続け、1931年に浅草雷門駅として現・浅草駅までの延伸開業を果たした。以降、浅草駅を核として東武は経営を拡大していく。近年では東京スカイツリータウン®の開業といったトピックが話題になったが、昨今の訪日外国人観光客の増加によって沿線の浅草や日光は再注目されるようになっている。

　また、2017年から下今市〜鬼怒川温泉間で運行を開始した「SL大樹」は、幅広い層から人気を集め、新しい観光コンテンツになっている。

　通勤利用については、1962年から伊勢崎線と営団地下鉄（現・東京メトロ）日比谷線の相互直通運転が始まり、都心部へのアクセスが向上したことで旅客数が増大。北千住〜北越谷間は私鉄最長の複々線区間で、現在は他区間でも連続立体交差事業によって踏切の除去が進められている。

用語解説

浅草
[あさくさ]

都内で最古の寺院・浅草寺（せんそうじ）を中心に、江戸期から庶民の歓楽街としてにぎわう。明治以降に東京市が発足すると浅草区、そして戦後は上野を擁する下谷区と合併して台東区に改称。旧浅草区では"浅草"の冠称を付ける町が多い。日本で最初に地下鉄が開業した都市でもある。

鉄道の「つなぐ力」で沿線の魅力を向上
沿線住民の満足度向上と沿線観光開発

開業以来、東武は鉄道ネットワークを活かして街と街、人と街をつないできた。今後は、この「つなぐ力」を「惹きつける力」と「稼ぐ力」へとパワーアップさせようと長期経営ビジョンを策定した。

多世代が暮らしやすい魅力ある沿線開発

　東武では、長期経営構想を基にして、次の100年に向けた新しい取り組み、地域の発展を目指している。長期経営ビジョンの柱は、次の3つである。

- 多世代をつなぐ　～3世代ファミリーがつながり日本一幸せな暮らしを実感できる沿線を目指す
- つなぐ鉄道ネットワーク　～私鉄NO.1の通勤環境、観光輸送を目指す
- 世界とつなぐ　～沿線観光地へのインバウンド増加率NO.1を目指す

　実は、3つの柱は鉄道各社が共通して抱える課題でもある。東武の場合、浅草や日光・鬼怒川といった国際的な観光地を抱え、インバウンドの増加が望める一方で、松原団地のような高度経済成長期から分譲・開発が始まったニュータウンが、歳月を経て更新時期に差しかかっているという事情もある。

　これらの街や駅を新しくリニューアルするとともに、時代やライフスタイルに合わせた住みよい住環境づくりにも力を入れることが使命となっている。その一環として、2012年に分譲住宅の共通ブランド「Solaie（ソライエ）」、2018年には賃貸マンションの新ブランド「Solaie I'll（ソライエアイル）」を発表。また、仕事と子育ての両立、働き方改革といった社会環境の変化にも合わせて、サテライトオフィスも開設した。

　ライフスタイルの変化に応じて、東武は住み替え支援や地域コミュニティー支援などを充実させ、時代のニーズに合わせることで、多世代が暮らす活気のある沿線の創出を目指している。

「Solaie」ブランドを立ち上げた頃に運転されていたラッピング広告電車。

東武グループが描く観光戦略

　政府は外国人観光客の誘致を進めるため、2006年に観光立国推進基本法を制定。観光立国を目指した施策に取り組み、訪日外国人旅行者数は年を追うごとに増加していった。2020年の東京オリンピック・パラリンピック（新型コロナウィルスの影響で翌年に開催延期）、2025年の大阪万国博覧会といったビッグイベントの開催決定も後押しになった。

　これまでは中国・台湾・香港・韓国といった東アジア諸国からの旅行者が多く見られた。特に、2015年には中国人旅行者がケタ外れの買い物をする"爆買い"が世間をにぎわせ、同年の新語・流行語大賞にも選出されたほどの社会現象を巻き起こした。2020年以降、新型コロナウィルス禍で海外からの旅行客が途絶えたが、2023年の緩和に伴い、外国人観光客は再び増加傾向にある。こうした状況下で、東武は駅の多言語化を推進している。

　また、これまでとは異なる欧米豪や東南アジアからの旅行者を取り込むべく、旅行博や商談会などに積極的に出展。情報発信を強化している。特に東南アジアはイスラム教徒が多いため、東武日光駅に祈祷室を開設。今後も、さまざまな受け入れ環境を整える予定だ。

　開発事業においては、東京スカイツリータウン®・浅草といった従来から国内外に人気の高い観光スポットに重点投資することを計画。さらに新たな観光の目玉を作るべく、2017年に復活運転したSLの周辺整備にも取り組む。

新たな観光の創出と、鉄道産業文化遺産の保存と活用を目的に2017年に復活運転をした「SL大樹」。

駅の多言語対応自動券売機では、「International」ボタンを押すと、英語・中国語（繁体字／簡体字）・韓国語・フランス語・スペイン語・タイ語の表示を選択できる。

交通事業とレジャー事業を中心に 沿線の生活と観光を支えるグループ企業

東武グループの会社は、運輸事業・レジャー事業・不動産事業・流通事業・その他事業の5つに分類することができる。沿線各都市はもちろん、鉄道の沿線ではないエリアでもグループ会社が事業を展開している。

運輸事業は東武グループの顔

　2022年3月末現在、連結子会社・持分法適用会社合わせて東武鉄道株式会社を含む74社でグループを構成している。2021年度における東武グループ全体の営業収益は約5060億円、従業員数は19,621人の規模を誇る。

　東武グループの会社は、運輸事業・レジャー事業・不動産事業・流通事業・その他事業の5つに分類することができる。そのうち運輸事業は、会社数も営業利益も従業員数も圧倒的である。一般的に、東武と言えば鉄道会社であり、その次にバス・タクシーというイメージが定着している。運輸事業は、まさに東武の骨格を形成する事業といえるだろう。

　2番目にグループ会社が多いレジャー事業は、ホテル・スポーツ施設・遊園地・ゴルフ場などの運営で、これらも一般的な認知度は高い。特に、レジャー事業は年齢・性別・職業問わず、生活に密着した事業なのでなじみが深く、東武グループ全体のイメージ形成に貢献している。

　近年、東武グループで拡大しているのが不動産事業で、3社がある。東武タウンソラマチ(株)は東京スカイツリータウン®の施設管理、東京ソラマチ®の商業運営を行っている。東武不動産(株)は住宅やマンションなどの不動産仲介、建物・施設管理事業などを行い、各駅前に整備された駐車場や駐輪場なども同社の運営である。

　エコ意識が強まる中で、その他事業に分類される環境分野の事業も重要になっている。(株)東武エネルギーマネジメントは東京スカイツリー一帯で地域エネルギーを供給するほか、葛生駅南側を含む8カ所で太陽光発電に取り組む。

上毛電鉄も東武グループの鉄道会社。かつては東武の急行が赤城から直通していたこともある。

沿線の日常生活を支える流通事業

　池袋駅や船橋駅、東武宇都宮駅に立地する東武百貨店は、ターミナルデパートとして地域活性化や繁華街のにぎわいを牽引する存在だ。見た目ではわからないが、池袋本店と船橋店は(株)東武百貨店、宇都宮本店と大田原店、栃木市役所店の3店舗は(株)東武宇都宮百貨店と、別法人として店舗運営されている。

　日用品や食料品を販売するスーパーを展開する(株)東武ストアは、東武沿線のほか、沿線外の東京都中央区などにも店を構えている。

●東武鉄道のグループ会社

運輸事業 28社	レジャー事業 19社	流通事業 8社
東武インターテック(株)	東武レジャー企画(株)	(株)東武百貨店
東武エンジニアリング(株)	東武ワールドスクウェア(株)	(株)東武友の会
東武ステーションサービス(株)	(株)東武スポーツ	(株)東武カードビジネス
(株)トラベルサービス	東武興業(株)	(株)東武宇都宮百貨店
上毛電気鉄道(株)	奥日光開発(株)	東武商事(株)
上毛興産(株)	東武ゴルフサービス(株)	東武食品サービス(株)
朝日自動車(株)	(株)ティラミスホールディングス	(株)東武ストア
阪東自動車(株)	東武トップツアーズ(株)	(株)東武警備サポート
日光交通(株)	(株)トップ・スタッフ	その他事業 15社
関越交通(株)	ティーティーエー, INC.	東武電設工業(株)
川越観光自動車(株)	トップツアー ヨーロッパ LTD.	東武建設(株)
茨城急行自動車(株)	仙台国際ホテル(株)	東武栃木生コン(株)
国際十王交通(株)	(株)東武ホテル北海道	東武開発(株)
桐生朝日自動車(株)	(株)東武ホテルマネジメント	東武谷内田建設(株)
朝日カーメンテナンス(株)	金谷ホテル(株)	東武緑地(株)
東北急行バス(株)	レーキサイドホテルシステムズ(株)	(株)TOYO
東武バス(株)	東武タワースカイツリー(株)	(株)東武シェアードサービス(株)
東武バスウエスト(株)	(株)日光自然博物館	(株)東武保険サービス
東武バスセントラル(株)	蔵王ロープウェイ(株)	東武ビルマネジメント(株)
東武バス日光(株)	不動産事業 3社	西池袋熱供給(株)
東武運輸(株)	日本パーキングビルサービス(株)	錦糸町熱供給(株)
東武物流サービス(株)	東武不動産(株)	(株)東武エネルギーマネジメント
(株)群馬ロジテム	東武タウンソラマチ(株)	(株)シンフォニア東武
(株)栃木ロジテム		東武ビジネスソリューション(株)
(株)東海ロジテム		
(株)埼玉ロジテム		
東武デリバリー(株)		
野岩鉄道(株)		

用語解説 **池袋本店** [いけぶくろほんてん]

池袋駅を挟み「東が西武で、西、東武」と家電量販店ビックカメラのCMソングで歌われるほど親しまれる東武百貨店池袋本店は、東武鉄道の線路がある駅の西口に店舗を構えている。ちなみに、ターミナルの浅草駅にも百貨店があるが、こちらは松屋が出店。東武は松屋の株主に名を連ねる。

鉄道からの二次交通を支える 東武グループのバス・タクシー会社

東武鉄道では、鉄道網を補完するバス事業を運営していたが2002年に分社化し、現在は東武バスを中心に4社体制となっている。また、それ以前からバス・タクシー事業の朝日自動車グループを傘下に収めている。

東武鉄道から分社化されたバス事業

　東武のグループ会社の中で最も会社数が多い運輸事業。その中にはバス会社とタクシー会社もあり、駅からの二次交通として地域住民や観光客、ビジネスマンに利用されている。

　もともと直轄だった「東武鉄道バス事業本部」が2002年に分社化。東武バス(株)を管理会社として、バス運行会社はエリアごとに再編され、新たに東武バスセントラル(株)・東武バスウエスト(株)・東武バスイースト(株)・東武バス日光(株)の4社体制に移行した。2021年10月には東武バスイーストが東武バスセントラルに合併され、現在は3社で運行されている。

　路線バスと並び、東武のバス事業で大きなウエイトを占めているのが高速バスである。今般、東京と地方都市を結ぶ高速バス需要や羽田・成田両空港へのバス需要は増加しており、東武でも高速バスに力を入れている。

　また、地方自治体が運行する各地のコミュニティバスの運行を受託しているケースもある。それらは東武バスグループのボディカラーではなく、各自治体ごとのデザインを施している場合もある。

東武バス系列の路線バスのカラーは1985年に採用。オレンジ色は「黄丹(おうに)色」という和名がある。「東武」の文字色は9000系列電車の帯と共通。写真提供/東武鉄道

高速バスと観光バスは、東武バス系列・朝日自動車系列ともに共通のカラーをまとう。

バス・タクシー事業を担う事業会社

　東武系列には、タクシーとバスの両事業を手掛けている朝日自動車グループもある。同グループは、複数のバス会社・タクシー会社を傘下に収めており、事業会社としての性格が強い。そのため、「東武」の名を冠していなくても、東武系列のバス・タクシー事業者となっている会社は多い。

　東武バスの再編と同様に、朝日自動車グループでも1990年代頃から関越交通、国際十王交通、桐生朝日自動車などで整理統合・再編が進められた。

　東武鉄道の系列バス会社は複数あり、当初は地盤とするエリアが異なっていたが、次第にカバー範囲に重複が生じた。また、バスをはじめとした公共交通を取り巻く社会環境も変化した。そうした事情もあって、バス・タクシー事業は実情に合わせた体制へと見直されたのである。19ページで東武グループの一覧を掲載したが、バス・タクシー事業を詳細に分けると右表のようになる。

　なお、事業としてはレジャー事業に分類されているが、スキーリゾートとして知られる蔵王ロープウェイ(株)も東武の子会社である。

●東武グループのバス会社

系統	名称	主なエリア等
東武バス系列	東武バス(株)	事業会社
	東武バスセントラル(株)	足立区、葛飾区、草加市、高速バス
	東武バスウエスト(株)	さいたま市、川越市、高速バス
	東武バス日光(株)	日光市、高速バス
朝日自動車系列	朝日自動車(株)	越谷市、久喜市、太田市
	茨城急行自動車(株)	野田市、古河市、松伏町
	川越観光自動車(株)	川越市、東松山市、小川町、高速バス
	関越交通(株)	前橋市、渋川市、みなかみ町
	桐生朝日自動車(株)	桐生市
	国際十王交通(株)	熊谷市、伊勢崎市、高速バス
	東北急行バス(株)	高速バス
	日光交通(株)	日光市
	阪東自動車(株)	我孫子市、柏市

東武動物公園駅と東武動物公園とを結ぶシャトルバスは、茨城急行自動車が運行している。

アイボリー地に赤の半円と青の弧を描く朝日自動車の路線バス。グループ共通のカラーだ。

用語解説　コミュニティバス

市町村などが運行するバスで、多くは車体の小さなミニバスで運行。そのため、通常ならバスが走れないような小さな道にも路線が開設されている。バス停も300m間隔ほどと短く、地元密着型。車両や運転士を市町村で運営するのは難しいため、多くは既存のバス会社に委託されている。

TOBU 05

池袋、船橋、宇都宮などに立地
東武鉄道が運営する電鉄系百貨店

鉄道会社が自身のターミナル駅に百貨店を併設する例は多く、東武鉄道でも池袋駅、船橋駅、東武宇都宮駅で展開している。さらに栃木県内では閉店した百貨店の跡地を使用して新たな店舗を展開している。

50年以上もの歴史を持つ東武百貨店

　東京の副都心として知られる池袋駅の西口には、東武百貨店池袋本店がある。東武は交通事業に重点を置く経営方針から、関東初の百貨店併設駅となった浅草駅には資本参加する松屋を入店させた。戦後、創立60周年記念事業の一環として流通業への進出を決定。1962年5月29日に東武百貨店を開店した。開発が遅れていた池袋西口はこれを機に再開発が進み、オープン2年後には隣接する東横百貨店池袋店の営業権を譲受。これを別館として売場面積の拡張を進めた。

　現在の池袋本店は1992年6月10日に新装オープンしたもので、その規模は地上15階・地下2階という日本最大級の売り場面積（82,963㎡）を誇る。季節限定ながら、16階の屋上はビアホールとして使用される。売り場が広大なため、店内にはユニークな工夫が凝らされ、全体を11のエリアに区分し、北側から南側に向かって1〜11までの番地が振られている。こうした番地システムにより、買い物客が迷わずに買い物ができるようになっている。

　千葉県船橋市の船橋店は地上8階、地下2階という大規模な百貨店。船橋駅北口の再開発のため、船橋市からの要請を受けて建設され、1977年10月7日に船

橋東武百貨店がオープンした。船橋東武ビルと再開発ビルの2棟からなるL字型の建物で、総売場面積は38,826㎡を誇る。地元のプロ野球チーム

池袋駅の西口に構える東武百貨店池袋本店。1992年の増床から2003年まで、日本の百貨店で売り場面積が最大だった。

東武鉄道の企業がわかる

CHAPTER 1

CHAPTER 2

CHAPTER 3

CHAPTER 4

CHAPTER 5

「千葉ロッテマリーンズ」の応援に力を入れており、販促ポスターには毎年入団する新人選手が起用される。

野田線のターミナル、船橋駅に隣接する東武百貨店船橋店。地下1階から8階までL字型の、大きな店舗を構える。

別法人が経営する東武宇都宮百貨店

　池袋本店と船橋店とは異なり、栃木県内の東武百貨店は宇都宮市に本社を置く(株)東武宇都宮百貨店が運営している。別法人ではあるものの、同じ東武グループとして、ロゴマークをはじめとするブランドは同一のものを使用している。

　東武グループの百貨店は、実は宇都宮店が第1号である。宇都宮市から東武に出店要請があり、東武宇都宮駅と東野鉄道(のち東野交通、現・関東自動車)のバスターミナルを一体化した駅舎に百貨店を建設。1959年11月28日に東武宇都宮百貨店がオープンした。

　長らく東武宇都宮駅ビルにある本店の一店体制で運営されてきたが、2000年に地元資本の上野百貨店が倒産したため、同店舗を東武百貨店の大田原店としてリニューアルした。また、2011年に閉店した栃木市の福田屋百貨店の跡地に、食料品と生活雑貨に特化した東武百貨店栃木店が2014年3月に開店した。この建物には同年2月に栃木市役所も移転しており、百貨店が市役所と一体化した施設に生まれ変わっている。

宇都宮市には百貨店が多数あったが、現在も営業するのは東武百貨店のみ。東武宇都宮駅に隣接する。

用語解説 **一体化した施設**
[いったいかしたしせつ]

商業ビルの複合化や市役所・図書館・公民館の複合施設は珍しくない。また、民間商業施設に市役所が出張所や窓口を開設しているケースもある。しかし、市役所や県庁と民間商業施設が融合しているケースは栃木市役所と東武百貨店、石巻市役所とエスタなど数えるほどしかない。

高級ホテルからビジネスホテルまで 東武グループの宿泊施設

JRや大手私鉄ではターミナル駅に宿泊施設を展開しているが、東武でも沿線や沿線外の大都市・主要駅にグループでホテルを進出。国際的観光地の日光エリアには、有名な「金谷ホテル」をはじめ、さまざまなホテルを展開し、国内旅行者だけでなくインバウンド需要にも対応している。

銀座や成田空港付近など、沿線外にも展開

　東武グループのホテルは、1960年代から各地でそれぞれ独自にホテル経営をしてきた。2000年にグループ内の宿泊事業者7社が統合し、（株）東武ホテルマネジメントが新たに発足。これを機に、経営・運営の統合が進んでいる。

　東京の一等地・銀座にある「コートヤード・マリオット銀座東武ホテル」は、東武鉄道創業90周年を記念して1987年10月2日に「銀座東武ホテル」として開業。延床面積17,256.08㎡、地上11階、地下3階、塔屋2階のホテルには206の客室と大宴会場6室、結婚式場、レストラン、バーなどを擁し、格調高い外観や落ち着いたインテリアが配され、利用客から好評を得た。

　同ホテルは東武グループのホテルでも中心的な役割を担っていたが、2007年にマリオットやリッツ・カールトンのブランドでホテルを運営するマリオット・インターナショナルと提携し、「コートヤード・マリオット銀座東武ホテル」に改称した。提携をきっかけに、さらなるブランド価値の向上、高級感の創出を目指している。

　東武グループのホテルはほかにも宇都宮や川越といった自社沿線にも立地しているが、さらに渋谷や品川といった東京都市部にも積極的に進出している。1987年には成田空港至近にあるホリデイ・イン成田の資産・経営権を取得。「ホリデイ・イン東武成田」として営業を開始した。2011年1月に「成田東武ホテルエアポート」と改称。同ホテルの客室数は484あ

創立90周年を記念してオープンした銀座東武ホテル。現在はコートヤード・マリオット銀座東武ホテルとなっている。

り（2018年3月現在）、東武グループの宿泊施設で群を抜く規模である。成田空港を利用する国内外の旅行者やビジネスマンに利用されている。

多彩なホテルを相次いで開設

2020年のオリンピック・パラリンピックの開催地が東京に決まり、東アジアからの旅行客のみならず東南アジアやヨーロッパからの旅行客も増加。各地で新たなホテルの建設が相次ぎ、東武グループでも2020年までにホテル事業を拡大させる方針を打ち出した。

長期滞在・富裕層の観光客をターゲットにした宿泊施設には、「ザ・リッツ・カールトン日光」や「ACホテル・バイ・マリオット東京銀座」といったハイクラスホテルが開業。特に前者は1894年に創業し、1966年から東武が資本参加している老舗ホテル「日光レークサイドホテル」を建て替え、世界的な高級ホテルの1つにすることで「日光」ブランドの復権を狙っている。

1873年に開業した日本最古のクラシックホテル、日光金谷ホテルは2016年に東武グループのホテルとなり、日光のブランディングに貢献する。

また、ビジネスユーザー用の宿泊特化型ホテル（いわゆるビジネスホテル）については、2020年には浅草・川越・和光市に開業。特に浅草は東武鉄道のターミナル・浅草駅の正面口至近に開設された。

東上線の川越駅が最寄りの川越東武ホテル。以前は駅の東口にあったが、2020年に駅西口の複合施設「U_PLACE」内7〜11階に移転した。

用語解説 銀座東武ホテル [ぎんざとうぶほてる]

銀座6丁目にある東武グループの旗艦ホテル。アメリカ人デザイナーのロバート・マーチャント氏がインテリアを手掛けた。以降、東武ホテルのインテリアは、同氏が継続的に担当している。特急「スペーシア」のインテリアも同氏が担当し、銀座東武ホテルの高級感を車内に具現した。

関東初の駅ビルに始まる
東武グループの不動産事業

近年の東武グループの不動産事業で、特筆すべき案件は何と言っても2012年に開業した東京スカイツリー®だろう。さらに周辺を「東京スカイツリータウン®」として整備し、東京の東側ににぎわいが帰ってきた。さらにマンションや戸建てなどの住宅販売にも注力している。

駅を核とした鉄道とwin-winの不動産事業

　東武の不動産事業は、1931年に開業した浅草駅から始まり、駅舎と百貨店とが一体化した関東初の本格的な駅ビルとなっている。また、柏駅や加須駅などで駅ビルを展開。新越谷駅、竹ノ塚駅などでも駅に隣接するビルを保有している。

　近年の開発事業の目玉といえる東京スカイツリー®は、業平橋（現・とうきょうスカイツリー）駅に隣接する貨物ヤードだった土地に建設された。東武鉄道の貨物輸送廃止を受けて再開発され、2012年の開業後は隅田川西岸の浅草と並び、東岸のスカイツリー周辺は来街者が増加。新たな東京名所となった。

　また、東武はスカイツリーの麓にエンターテインメントと文化施設とを融合させた複合商業施設「東京ソラマチ®」をオープン。同施設も大きな注目を集めている。さらに、これらを核に地元・墨田区や商店街とも連携した"シタマチ・ワンダーランド計画"を推進。同計画により、

東京スカイツリーを核とした業平橋一帯の再開発で、東武鉄道の注目度は一気にアップした。

加須駅と一体の駅ビルは1985年の開業。加須市の駅前通り整備事業に協力し、東武ストア「かぞマイン」が入店した。

これまで東京の西側に偏っていたにぎわいを東側にも創出することに成功した。

近年、東武スカイツリーラインでは連続立体交差事業が急ピッチで進められているが、新越谷駅や草加駅では高架化で生まれた空間に商業施設「ヴァリエ」やオフィス、貨倉庫などが開設されている。

2007年9月にオープンした「EQUiA」の1号店、「EQUiA川越」。改札口の向かいにある。

駅の利便性を活かした駅ナカ事業では、「EQUiA（エ キ ア）」ブランドで駅ナカを拡大中。駅それぞれのエリア特性、ニーズやトレンドに合った店舗を、北千住駅、池袋駅、東武練馬駅など計13駅の駅ナカ施設で展開している。

沿線を活性化させる街づくり

鉄道と街の拠点になる駅の開発だけでなく、東武は沿線の街づくりにも取り組んでいる。戸建て住宅とマンションの分譲事業は「Solaie（ソライエ）」、賃貸マンション事業は「Solaie I'll（ソライエアイル）」としてブランド化。駅構内や列車で大々的に広告をしている。

特に注力しているのが東武アーバンパークライン清水公園駅での建売住宅分譲事業で、駅周辺に「ソライエ清水公園アーバンパークタウン」と呼ばれる大規模宅地が誕生。東武最大規模の分譲開発で、2014年に街開きをした。

また、東武沿線の街づくりは、共働き家庭が増えていることから"住みごこちのよい住まい""子育て施設の誘致"に重心を置いている。

清水公園駅の東口に開発された「ソライエ清水公園アーバンパークタウン」。左の販売センターには住民が利用できる施設もある。

用語解説　連続立体交差事業
［れんぞくりったいこうさじぎょう］

踏切による渋滞緩和を目的に、首都圏ではJR・私鉄各社で連続立体交差事業が加速。東武でも関係自治体と協力し、連続立体交差事業が推進されている。現在、清水公園～梅郷間、とうきょうスカイツリー駅付近、春日部駅付近が工事中。また、大山駅付近の協議が行われている。

TOBU 08

安全意識を徹底させる研修施設と東武鉄道の安全施策

鉄道は多くの人を一度に運ぶため、ひとたび事故が起きると社会的な混乱や経済的な損失が大きい。そこで鉄道各社では、運転士や車掌、駅員といった鉄道関係従事員に人的な教育を行うとともに、最新技術が盛り込まれた安全装置を導入して、事故を起こさないように万全の体制を整えている。

列車を安全に運行するための独自のATC

　列車運行に関するソフト面では、2007年に鉄道乗務員養成所を新設し、鉄道乗務員養成の一元管理体制を採った。2016年4月には南栗橋に総合教育訓練センターを開設し、模擬駅や運転シミュレータなど、鉄道乗務員を養成するための充実した研修施設が設けられた。同センターでは多岐に渡る教育メニューが用意され、各種階層別の研修や各種セミナーなどを行っている。一角には「事故から学ぶ展示室」が設けられ、これまでの鉄道事故や自然災害を解説。鉄道に関わる従業員の安全意識の徹底を図っている。

　ハード面では、緊急時に列車を停止させるATS（自動列車停止装置）を各路線に導入。さらに東上線の池袋〜小川町間には最新鋭の運転保安装置「デジタルATC」（自動列車制御装置）を導入している。この「東武型ATC」は、レール伝送による制御情報に加え、トランスポンダ（車上・地上間情報伝達装置）を併用した独自の方式で、トランスポンダから得た列車間距離、曲線制限、勾配などの線路情報によって、スムーズな減速等を実現するとともに、踏切支障時の防護機能等を併せ持っている。これにより、通常時の定時性の確保にもつながっている。

南栗橋に開設された総合教育訓練センター。研修施設を充実させ、安全意識の徹底を図っている。左は運転士・車掌のシミュレータ、右は「事故から学ぶ展示室」。

船橋駅に設置されたホームドア。このほか柏、和光市、川越、池袋、朝霞などの各駅に設置され、今後さらに整備を進める計画だ。

全方向踏切警報灯とオーバーハング形の踏切警報機を設けた東武スカイツリーラインの踏切。上の警報灯は×で点滅する。

駅ホームや踏切での安全を高める

　利用客や交差する道路との安全対策として、路線の立体交差化を進め、多くの踏切を解消している。現在、清水公園〜梅郷間、とうきょうスカイツリー駅付近、春日部駅付近で連続立体交差事業の工事が進められているほか、大山駅付近の連続立体交差事業計画の協議が進められている。

　稼働中の踏切は、全てに「押ボタン式踏切支障報知装置」を設置し、東武本線は本線電気指令所で、東上線は東上電気指令所で踏切の常時一括集中監視を行っている。また、踏切内に自動車などが立ち入った場合に自動的に検知する「自動式踏切支障報知装置」の設置を進め、さらに全方向踏切警報灯やオーバーハング形の踏切警報機を増やして安全性を高めている。

　駅ホームでは非常停止ボタンや転落検知マット、ホーム端注意灯、ホーム下注意喚起灯の設置を行って事故を未然に防いでいる。ホームドアは押上、竹ノ塚、新越谷、柏、船橋、池袋、和光市、川越などの主要駅に設置され、その後も順次設置が進められている。

　自然災害に対しては、沿線に降雨計や風速計を設置。落石についても、防止柵や落石止擁壁などを整備し、渓谷を走る鬼怒川線の鬼怒川温泉〜新藤原間には落石検知装置を設置している。

鬼怒川線の落石が懸念される場所には、落石防止網と落石検知装置が設置されている。写真提供／東武鉄道

列車運行の効率向上と最新設備の導入でエコを推進

電車は自動車などと比べてエネルギー効率が良く、CO₂の排出量が少ないエコな乗り物と言われている。各鉄道会社は現状に満足せず、さらなるエコを追求して試行錯誤を続けている。東武でも電車や駅だけでなく、不動産事業も含めて幅広く積極的に取り組んでいる。

電車で使われる電力の効率化と省エネ化

　東武では、2012年から回生電力貯蔵装置を上福岡駅構内と大宮公園駅構内に設置している。回生電力とは、電車がブレーキを使用した際に発生した電力を架線に戻すシステムのこと。架線に電力を戻すことで、近くを走るほかの電車がその電力を動力として使用することができる。

上福岡駅に設置された回生電力貯蔵装置のある施設。内部にあるリチウムイオン電池に蓄電される。

　これまでの回生ブレーキでは、直接ほかの電車に電力を供給していたが、新しい装置の導入により電力を貯蔵して、時間差でも使用することが可能になった。そのため、無駄になる電力が減り、いっそうの省エネルギー化が図られることになった。同施設は資源エネルギー庁が認定するエネルギー使用合理化事業者支援補助事業の一環として設置されている。

　回生ブレーキによる電力の効率利用だけでなく、東武では省エネルギー化にも取り組んでいる。車両面では、2004年から製造を開始した50000系列は車体を軽量化し、省電力で運転できるようになった。窓ガ

50000系列以降の電車では、車体を軽量化し、車内の熱効率を高めている。60000系では室内灯にLED照明を採用。

ラスには熱線吸収ガラスを採用し、車内が一定の温度で維持されるようになり、冷暖房で使用される電力を大幅に削減した。

駅や商業施設で取り組まれる環境対策

東武では、さまざまな環境にやさしい取り組みを実施している。そのひとつが、再生エネルギーによる発電だ。東武の変電所では、再生可能エネルギーの太陽光発電システムを設置。照明、空調、制御電源等の電力として使用している。

とうきょうスカイツリー駅では、コンコースに地域冷暖房システムを導入。駅の全照明をLEDに切り替えて省エネ化した。環境に配慮しているのは電気ばかりではない。同駅では水資源を無駄遣いしない試みとして、雨水をリサイクルしてトイレ用水として再利用する循環システムも導入している。

また、隣接する東京スカイツリータウン®でも太陽光発電システムを導入。隣接する駅を含む地域冷暖房システムには、国内で初めて地中熱が利用されている。ヒートアイランド対策として屋上緑化にも取り組み、散水や太陽光パネルの冷却には雨水が再利用されている。さらに夜間電力の使用、LED照明の導入で電力消費を従来の40%に抑えたことなどが評価され、2017年3月に東京都環境確保条例において「優良特定地球温暖化対策事業所(トップレベル事業所)」に認定されている。

LEDを使用したとうきょうスカイツリー駅の照明。1日中点灯しているので、節電効果は大きい。

東京スカイツリータウンの地下で、一括して冷水・温水を製造するメインプラント。写真提供/東武鉄道

用語解説 **地域冷暖房システム**
[ちいきれいだんぼうしすてむ]

エリア全体の給湯・冷暖房をプラントで集中的に作り、各ビルに供給するシステム。ビル1棟ごとに管理するのが一般的だが、丸の内1・2丁目地区や横浜みなとみらい21地区などのオフィス街、高層ビル群ではプラントから地域導管で各施設に送られている。防災的にも有効とされている。

東武鉄道の社是・社紋・グループロゴ

伝統の社紋と未来に向けたグループロゴ

創業時から使われている東武鉄道の社紋。中央は「東」の文字を図案化したもの。

東武鉄道のロゴマーク。東武グループを指す場合は、下にGroupの文字が入る。

　関東私鉄屈指の歴史を有する東武鉄道は、その長い歴史の中でたくさんの鉄道会社を統合してきた。そうした流れの中でも、創立時に制定された社紋を現在まで受け継ぐ。デザインは車輪の中央に図案化した東武鉄道の「東」を配置したもの。これは、公共交通である鉄道の奉仕の精神を表している。

　社紋に込められた「奉仕」の精神は、「奉仕」「進取」「和親」の3つからなる社是にも盛り込まれている。「進取」と「和親」は、かつてのライバル企業だったJRとの相互乗り入れ実現といった守旧的な概念を打破する力として、それでいて相互乗り入れするJRや東京メトロとも共存共栄する精神として、東武鉄道のみならず東武グループ全体に浸透している。

　一方で、東京スカイツリータウン®

の開業を目前に控えた2011年に、東武ブランドのさらなる価値向上を図って制定されたのが「グループロゴ」である。デザインは、「TOBU」の頭文字「T」を起点にして、上下左右・東西南北にまっすぐ伸びるラインを表現することで、沿線だけではなく、地域住民・利用者の全方位に向けて安全・安心・快適さ、そして楽しみや期待感を提供する姿勢を表現。東京スカイツリーが天に向かって伸びる姿もイメージしてデザインされている。

　また、100系「スペーシア」や500系「リバティ」などの特急車では、車両ごとのロゴマークを設定し、車体側面などに描かれている。こうしたロゴマークの導入は、いっそう親しまれる東武を目指す上で大きな効果を出しているのである。

CHAPTER 2 第2章

東武鉄道の
路線がわかる

東武鉄道の路線は、浅草を起点とする伊勢崎線・日光線が主体の本線系統と、池袋を起点とする東上線系統の大きく2系統に分かれる。本線系統では、さらに群馬・栃木県内に枝分かれする路線が多数あり、多くの中小私鉄を合併していった東武の歴史を感じられる。東上線系統は池袋の発展とともに沿線の宅地化が進み、独自の進化を遂げている。

東武鉄道のメイン路線
東武スカイツリーライン・浅草〜東武動物公園間

東武鉄道のターミナル、浅草から延びる伊勢崎線のうち、浅草・押上〜東武動物公園間には「東武スカイツリーライン」の愛称がある。多くの通勤・通学需要を複々線で効率的に輸送する一方で、東京スカイツリー®と東武動物公園という二大レジャースポットを擁する路線でもある。

民鉄最長の複々線区間で通勤通学ラッシュを担う

　伊勢崎線は、東武鉄道で最初の路線として1899年に北千住〜久喜間で開業し、1902年に南側は吾妻橋（現・とうきょうスカイツリー）まで、翌03年に北側は川俣まで延伸。1910年に伊勢崎まで全通した、まさに創業の地である。浅草〜東武動物公園間には「東武スカイツリーライン」の路線愛称があり、駅表示や交通情報などでもこの路線愛称が用いられている。

　ターミナル駅・浅草から東京メトロ日比谷線との接続駅である北千住までは複線区間である。2003年3月に、曳舟で分岐して押上から営団（現・東京メトロ）半蔵門線に乗り入れる連絡線が開通した。北千住駅は、浅草・押上方面とは1階に、日比谷線に乗り入れる列車は3階に出入りする。北千住〜北越谷間は複々線で、18.9kmは民鉄最長の複々線区間である。浅草発着の列車のほか、日比谷線乗り入れ列車と半蔵門線の乗り入れ列車が走り、都心への利便性の高さから

大勢の旅客を安全に、安定して輸送できるように、北千住〜北越谷間は早い時期から複々線になっている。写真は谷塚駅の高架複々線。

■東武スカイツリーライン　浅草〜東武動物公園間

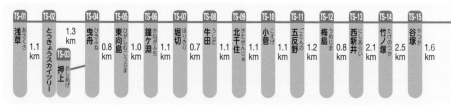

TS-01 浅草 あさくさ		TS-02 とうきょうスカイツリー ひきふね	1.3 km TS-03 押上 おしあげ	TS-04 曳舟 ひきふね	TS-05 東向島 ひがしむこうじま	TS-06 鐘ヶ淵 かねがふち	TS-07 堀切 ほりきり	TS-08 牛田 うしだ	TS-09 北千住 きたせんじゅ	TS-10 小菅 こすげ	TS-11 五反野 ごたんの	TS-12 梅島 うめじま	TS-13 西新井 にしあらい	TS-14 竹ノ塚 たけのつか	TS-15 谷塚 やつか
	1.1 km			0.8 km	1.0 km	1.1 km	0.7 km	1.1 km	1.1 km	1.1 km	1.2 km	0.8 km	2.1 km	2.5 km	1.6 km

住宅やマンションが多く、朝ラッシュ時の最混雑時には1時間に列車本数41本、約45000人もの旅客を輸送している。この規模は民鉄最大である。

北越谷以北は複線になるが、北越谷発着の列車以上に、東武動物公園もしくはそれ以北から運転される列車も多い。東武アーバンパークラインと接続する春日部は、駅周辺の連続立体交差化工事が行われている。東武動物公園は、かつては杉戸駅と名乗り、車両の検修を行う杉戸工場が併設されていたが、1981年に東武動物公園が開設された際に駅名が改称されている。

急行・準急・普通の3本柱と有料特急

伊勢崎線の列車系統は久喜で、日光線は南栗橋で分けられている。浅草～東武動物公園間に設定されている種別は停車駅が少ない順に急行、区間急行、準急、区間準急、普通で、急行・準急は半蔵門線からの直通列車である。急行と区間急行、準急と区間準急の違いは曳舟～北千住間が急行・準急では無停車だが、区間急行・区間準急では各駅に停車する点が異なる。また、日比谷線との直通列車は「THライナー」を除き、全て普通である。朝夕の通勤時間帯は館林まで直通する列車もあるが、日中は北千住、竹ノ塚、東武動物公園、久喜、日光線南栗橋までの運行になっている。

このほか、浅草と東武日光や伊勢崎などを結ぶ有料特急が、古くから専用車両で運転されている。近年は着座需要の増加で特急のビジネス利用が増え、特に平日夕方以降は客層が変わりつつある。2017年4月の500系「リバティ」投入後は、春日部から東武アーバンパークラインに乗り入れて大宮・柏を結ぶ「アーバンパークライナー」も運行されている。

北越谷～東武動物公園間は複線で、東武スカイツリーライン～伊勢崎線、日光線の直通列車が頻繁にやってくる。他社からの乗り入れ車両も多い。

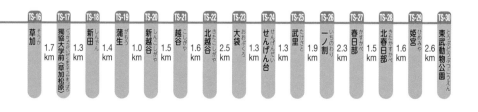

TS-16		TS-17		TS-18		TS-19		TS-20		TS-21		TS-22		TS-23		TS-24		TS-25		TS-26		TS-27		TS-28		TS-29		TS-30
草加		獨協大学前（草加松原）		新田		蒲生		新越谷		越谷		北越谷		大袋		せんげん台		武里		一ノ割		春日部		北春日部		姫宮		東武動物公園
	1.7 km		1.3 km		1.4 km		1.0 km		1.5 km		1.6 km		2.5 km		1.3 km		1.3 km		1.9 km		2.3 km		1.5 km		1.6 km		2.6 km	

直通運転の拡大で運転系統を見直し 伊勢崎線・東武動物公園〜伊勢崎間

浅草〜伊勢崎間を結ぶ伊勢崎線は、かつては浅草と館林や伊勢崎を結ぶ急行や準急が運転されていたが、2003年から東京メトロ半蔵門線を介して東急田園都市線と直通運転が開始された。2006年に運行系統が久喜で分けられ、基本的に久喜〜館林間、館林〜伊勢崎間の運転となっている。

JR宇都宮線と接続する久喜で系統分岐

　東武動物公園を出発すると伊勢崎線と日光線は分岐し、下りの伊勢崎線は直進、日光線は右に大きく曲がる。東京メトロの乗り入れ列車は、半蔵門線とは伊勢崎線久喜発着、日光線南栗橋発着がともに3本の割り振り（日中時間帯1時間あたり）。日比谷線との直通列車は北越谷や東武動物公園での折り返しがほとんどで、南栗橋までの運転はあるが、久喜への直通は「THライナー」のみである。

　久喜はJR宇都宮線（東北本線）との接続駅で、JRとの乗り換え客も多い。かつては線路がつながっていて貨車のやりとりが行われていたが、貨物輸送の廃止により現在は接続していない。なお、半蔵門線直通列車に使われる急行・準急の種別は久喜までとなる。

　久喜以北はマイカー利用が多いエリアで、朝

久喜〜館林間は複線で、かつては浅草まで直通の列車も多かったが、現在は区間運転が主体になっている。加須〜南羽生間。

■伊勢崎線　東武動物公園〜伊勢崎間

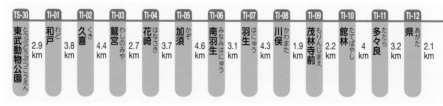

TS-30	TI-01	TI-02	TI-03	TI-04	TI-05	TI-06	TI-07	TI-08	TI-09	TI-10	TI-11	TI-12
東武動物公園	和戸	久喜	鷲宮	花崎	加須	南羽生	羽生	川俣	茂林寺前	館林	多々良	県
とうぶどうぶつこうえん	わど	くき	わしのみや	はなさき	かぞ	みなみはにゅう	はにゅう	かわまた	もりんじまえ	たてばやし	たたら	あがた
	2.9km	3.8km	4.4km	2.7km	3.7km	4.6km	3.1km	4.3km	1.9km	2.2km	4km	3.2km	2.1km

夕は制服姿の通学客が目立つ。羽生で接続する秩父鉄道は寄居で東上線と接続しているため、両線間の車両の移動に使用されている。

4年の月日を要した利根川越えの苦労

　羽生を過ぎると利根川を渡り、群馬県に入る。川俣は、現在は利根川を渡った先にあるが、1903年の開業当初は利根川の南側にあった。当時の東武は営業不振で、広大な利根川を越えるのに難儀した。1907年に利根川橋梁が開通し、川俣は現在地に移転。1910年3月27日に新伊勢崎まで開業し、4カ月後の同年7月13日に官設鉄道（現・JR）両毛線の伊勢崎駅まで乗り入れ、全通となった。

　館林は佐野線、小泉線が分岐する群馬県南のターミナル駅である。路線長の長い伊勢崎線は、ここでさらに運転系統が分断される。久喜〜館林間は主に6両編成の10000系列だが、館林以北は輸送量に合わせて3両編成の800型・850型を中心に運転されている。館林を過ぎると足利市、太田と主要都市を通り、太田で小泉線と桐生線に接続する。2006年から、太田〜伊勢崎間はワンマン運転になっている。また、新伊勢崎の手前から伊勢崎までが2013年に高架化されている。

　現在でこそローカル線の様相を呈する館林以北だが、伊勢崎線が開業した頃は貿易の主力である生糸・絹織物の主産地で、機（はた）産業も盛んだった。昭和に入ると、沿線に中島飛行機の工場が建ち、工業都市となった。

　なお、伊勢崎線には1969年から急行「りょうもう」が運転され、1999年に特急に格上げされた。ビジネス特急として位置付けられ、発着駅は太田と赤城が多い。

館林〜伊勢崎間は単線で、3両編成の850型が走る。写真の木崎の手前で、浅草からちょうど100kmになる。

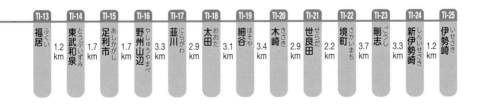

TI-13		TI-14		TI-15		TI-16		TI-17		TI-18		TI-19		TI-20		TI-21		TI-22		TI-23		TI-24		TI-25
福居 ふくい	1.2 km	東武和泉 とうぶいずみ	1.7 km	足利市 あしかがし	1.7 km	野州山辺 やしゅうやまべ	3.3 km	韮川 にらがわ	2.9 km	太田 おおた	3.1 km	細谷 ほそや	3.4 km	木崎 きさき	2.9 km	世良田 せらだ	2.2 km	境町 さかいまち	3.7 km	剛志 ごうし	3.3 km	新伊勢崎 しんいせさき	1.2 km	伊勢崎 いせさき

TOBU **12**

》》》 亀戸線・曳舟～亀戸間
》》》 大師線・西新井～大師前間

長大な伊勢崎線・日光線系統には、枝線が多数ある。なかでも亀戸線と大師線は都会のローカル線という趣で、2両編成の8500型が走っている。輸送形態もユニークな2路線の背景には、東武の苦難の歴史があった。

当初の路線計画の名残、亀戸線

　東武スカイツリーラインの曳舟～亀戸間を結ぶ亀戸線は、わずか3.4km、全4駅（曳舟を除く）の小路線である。2両編成の8500型がワンマン運転で往来する姿は、下町のローカル線といった風情である。最近は往年の車体色を施したリバイバルカラーをまとい、にぎやかさを増した。

　亀戸線は、苦難した延伸計画の名残といえる。東武鉄道は、東京湾と北関東を結ぶ路線として計画され、千住～足利間で申請が認可された。そして、絹織物を載せた貨車を東京湾まで直通させるため、東武は越中島まで申請を提出したが、許可されなかった。

　その後、ようやく認可されて1904年4月5日に曳舟～亀戸間が開通。亀戸から両国橋（現・両国）まで総武鉄道（現・JR総武線）に乗り入れ、両国～川俣間の直通列車も運転された（国有化後の1910年まで実施）。これにより、隅田川船運の中心地である両国橋に接続でき、貨物の輸送量は増大したが、やはり一番の目的はより下流の越中島へ直通することであり、その後も亀

亀戸線を走るリバイバルカラーの8500型。現在は複線の必要がなさそうに見えるが、往年の計画を知ると合点がいく。

■亀戸線　曳舟～亀戸間

TS-04		TS-41		TS-42		TS-43		TS-44
曳舟 ひきふね	1.4 km	小村井 おむらい	0.6 km	東あずま ひがしあずま	0.7 km	亀戸水神 かめいどすいじん	0.7 km	亀戸 かめいど

戸〜越中島間の延伸に向けた努力が続けられた。しかし、日露戦争を境に状況が変わり、1910年8月に指定竣工期限が切れ、翌年2月に免許を返納した。1928年に電化とともに中間駅ができ、現在の亀戸線の路線形態となった。

東武鉄道の最短路線、大師線

大師線は、東武スカイツリーラインの西新井で分岐し、大師前駅と結ぶわずか1.0kmの路線である。大師前駅は西新井大師（総持寺）の門前駅で、特に正月の初詣輸送はにぎやかである。現在はすっかり参詣鉄道となった大師線だが、当初はもっと壮大な計画であった。

東武は1920年に東上鉄道を合併し、伊勢崎線系統と東上線系統という路線形態ができ上がった。1922年、両線を結ぶ路線として伊勢崎線の西新井と東上線の上板橋を結ぶ「西板線」の申請が出された。ルートは西新井で分岐して大師前、鹿浜、神谷、板橋上宿を経由して上板橋に接続するもので、現在の環七通りにほぼ沿ったものであった（142ページ参照）。しかし、関東大震災の発生で計画が中断された上に昭和恐慌が重なり、そのうちに人家が増えて実現が難しくなった。

それでも認可を得ていた西新井〜鹿浜間は、地元の強い要請もあって西新井〜大師前間の建設が行われ、1931年12月20日に開業した。戦後、1964年のオリンピックを前に環七通りと大師線の交差が問題となり、一時は廃止が決定しかけたが、このときも地元から反対運動が起こり、駅舎を現在地に移設することで決着した。

1991年7月26日に全線が高架化され、その際に大師駅は和風デザインの現駅舎に建て替えられた。現在は2両編成の8500型が単線を終日折り返し運転している。

■大師線　西新井〜大師前間

TS-13		TS-51
西新井 にしあらい	1.0 km	大師前 だいしまえ

わずか1駅の大師線。高架線を走って大師前駅に入線する、リバイバルカラーの8500型。

三角形をした大師前駅舎。右奥の高架にホームがある。左奥は西新井大師。

桐生線・太田～赤城間
佐野線・館林～葛生間

伊勢崎線と接続して、栃木県内および群馬県内を走る佐野線と桐生線は、どちらも軽便鉄道として開業し、東武に合併された歴史がある。開業当初は貨物輸送に支えられた路線だが、今では通学輸送が主体になっている。

工業都市・観光路線としての顔もある桐生線

　桐生線は、伊勢崎線の太田と赤城を結ぶ路線で、相生でわたらせ渓谷鐵道と、赤城で上毛電鉄と接続する。2両編成の8500型で運転されている単線路線だが、太田駅付近はSUBARUの工場を中心とした工業都市、藪塚には藪塚温泉があり、特急「りょうもう」の発着駅は赤城が最も多い。1956～63年には、急行「じょうもう」が上毛電鉄の前橋中央まで直通していたこともある。

　桐生線も後述の佐野線と同様に、軽便鉄道から始まった。藪塚で産出する藪塚石を輸送するため、1909年に人力によるトロッコの藪塚石材軌道を設立。太田～藪塚間で開業した。1911年7月からは旅客輸送も行うが、この頃から東武との合併の話が出て、1067mmへの改軌や蒸気機関車の導入では東武が出資した。そして1913年3月に東武に合併された。東武では藪塚から相老まで延伸し、同年3月19日に太田～相老間の桐生線として開業した。1932年には新大間々（現・赤城）まで延伸され、現在の桐生線の形になった。

桐生線の終点であり、上毛電鉄との接続駅の赤城駅。駅の南側（写真右）に東武、北側（写真左）に上毛電鉄のホームがあり、構内踏切でつながっている。

■桐生線　太田～赤城間

TI-18		TI-51		TI-52		TI-53		TI-54		TI-55		TI-56		TI-57
太田 おおた	3.4 km	三枚橋 さんまいばし	2.5 km	治良門橋 じろえんばし	3.8 km	藪塚 やぶづか	3.2 km	阿左美 あざみ	1.7 km	新桐生 しんきりゅう	2.3 km	相老 あいおい	3.4 km	赤城 あかぎ

石灰石輸送で栄えた佐野線

　佐野線は、館林から分岐して葛生を結ぶ路線である。沿線には佐野厄除大師として有名な春日岡山 転法輪院 惣宗官寺があり、近年は佐野プレミアムアウトレットも人気のスポットである。通学する学生の旅客が多く、朝に上り1本、夜に下り1本の特急「りょうもう」が浅草〜葛生間を直通している。全区間単線だが全駅に交換設備があり、主に8500型・10000型で運転されている。

　葛生は鉱山資源が豊富で、江戸時代から石灰石を産出し、船運する石灰石を秋山川の越名河岸まで運ぶため、1888年に安蘇馬車鉄道が設立された。その後、1894年3月に蒸気機関車による軽便鉄道「佐野鉄道」に改組。1912年3月に東武鉄道に合併された。東武が合併した理由は、佐野鉄道が持つ館林〜佐野間の路線免許がほしかったこと、葛生経由で日光への延伸を計画したことによる。佐野鉄道も、葛生地方の発展のためには合併した方が得策と考えたのである。

　合併後、軌間も東武に合わせて1067mmとなり、沿線の要望も受け入れて佐野鉄道のルートとは一部が異なる、現在のルートで敷設・開業となった。1914年から東武との直通運転が始まると、秋山川・渡良瀬川・利根川を経由する船運は一気に衰退し、鉄道輸送の時代になった。以来、佐野線は貨物輸送が盛んになり、葛生の先にも大叶線や日鉄専用線などの貨物線ができ、中継地点となる葛生には広大な構内が造られた。

　しかし、次第に輸送量が減少し、2003年に渡瀬〜田島間にあった北館林荷扱所を廃止。東武鉄道の貨物輸送が終了した。

佐野線の終点・葛生駅に停車する8500型。貨物を扱っていた時代以来の広大な構内があり、右手奥は太陽光発電所になっている。

■佐野線　館林〜葛生間

TI-10		TI-31		TI-32		TI-33		TI-34		TI-35		TI-36		TI-37		TI-38		TI-39
館林 たてばやし	2.7 km	渡瀬 わたらせ	4.2 km	田島 たじま	2.1 km	佐野市 さのし	2.5 km	佐野 さの	1.6 km	堀米 ほりごめ	2.1 km	吉水 よしみず	2.5 km	田沼 たぬま	1.6 km	多田 ただ	2.8 km	葛生 くずう

伊勢崎線を利根川沿いに結ぶ
小泉線・館林〜太田間

館林と太田を結ぶ小泉線は、東武鉄道では唯一の、自社線どうしで並行する区間になっている。また、東小泉で分岐する西小泉は盲腸線である。独特な線形になった背景には、太平洋戦争中の、この地域の事情があった。

中島飛行機のために路線を拡大

　小泉線は、伊勢崎線の館林と太田を利根川沿いに結ぶ路線で、同区間の実キロは伊勢崎線の20.1kmよりも短い16.2kmである。小泉町と西小泉は、東小泉から枝線のように分岐した形態で、小泉線の独特な線形を形作っている。

　そもそも小泉線は、1917年3月12日に中原鉄道が館林〜小泉町間に敷設した軽便鉄道だった。同社は1922年に上州鉄道に改称。1937年1月に東武鉄道に買収された。その後、東武では1939年に利根川河畔付近の千石河岸まで延伸した（千石河岸線）。さらに1941年6月には中島飛行機の小泉製作所への輸送を行うため、太田からも線路が敷設され、現在の東小泉駅の場所に信号所が設けられた。こうして、館林と太田をショートカットしつつ、途中で枝線のように西小泉まで伸びる現在の線形ができ上がった。1941年12月に西小泉駅が新設され、翌42年4月に小泉信号所は東小泉駅になった。

　戦時中の中島飛行機は、数々の名戦闘機を開発・製造し、工場へのアクセスは重要だった。そのため、国鉄（現・JR）高崎線の熊谷と小泉を結ぶ路線が軍部から要請され、高崎線側の熊谷〜妻沼間が1943年12月に営業を開始した（熊谷線）が、利根川を渡る橋梁は橋脚が建設されたのみで終戦を迎えた。戦後、沿線から

西小泉駅の南側にはまっすぐな道路が伸びていて、線路の延長線上は遊歩道になっている。

利根川に立てられた橋脚は全て撤去されたが、いずみ総合公園の先に1本だけ橋脚が残されている。

新しい駅舎に建て替えられた西小泉駅。周囲にはブラジル人が多く、国際色が豊かだ。

小太線の竜舞駅に停車する8500型2両編成。単線だが、1面2線の交換駅になっている。

全線開通の要望もあったが、開業後の利益が見込めず、新会社案なども賛同を得られず、千石河岸線の西小泉以南は1976年に、熊谷線も1983年に廃止となった。

西小泉へは館林から直通運転

　現在の小泉線は、館林〜西小泉間を結ぶ通称「小館（こだて）線」と、太田〜東小泉間を結ぶ「小太（こぶと）線」の2系統で運転系統が分けられている。このうち小太線は桐生線と直通運転していて、赤城で上毛電鉄に接続している。また、太田では伊勢崎線との接続も取られている。

　小泉線は全線が単線で、8500型2両編成によるワンマン運転が行われている。特急の運転は行われていない。西小泉を発車する列車は基本的に館林とを結んでいるが、最終1本前の列車のみ、東小泉行きとなっている。

■小泉線　館林〜太田間

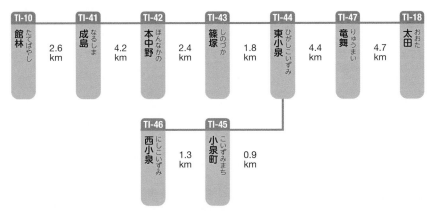

世界的観光地の日光を結ぶ路線
日光線・東武動物公園〜東武日光間

東武鉄道の創業の地は伊勢崎線だが、企業イメージを決定づけたのは日光線であろう。東武鉄道の輸送史には通勤・観光・貨物があるが、日光線は特に観光輸送の要素が強い。世界的に有名な日光を結ぶ路線として敷設され、国鉄としのぎを削って鉄道史に残る名車も多数誕生した。

第1次世界大戦と関東大震災を挟み、ルートを変更

　日光は古くから修験の山として知られ、1617年に東照宮が建造された。明治時代になると外国人が訪れるようになり、1890年に日本鉄道日光線（現・JR）が開通してからは、観光客や登山客が増えてきた。東武鉄道では1907年頃から日光への延長を計画し、1912年に佐野鉄道（現・佐野線）を合併したのち、葛生から鹿沼経由で日光を結ぶ申請が提出された。さらに鹿沼〜日光間の軽便鉄道敷設免許を申請し、いずれも認可されたが、第1次世界大戦で工事は延長となり、続く関東大震災で計画は中断となった。

　その後、1921年に新たなルートが申請された。杉戸（現・東武動物公園）での分岐に変更し、家中〜新鹿沼間は先の申請とほぼ同じである。全94.5kmを16工区に分けて工事され、わずか2年4カ月後の1929年10月1日、全線が複線電化で開業となった。しかし太平洋戦争中に合戦場〜東武日光間44.5kmの単線化が軍部から命じられ、撤

14連もの長大なトラス橋で、栗橋〜新古河間の利根川を越える（写真の10000型はこの区間の運用から撤退）。

■日光線　東武動物公園〜東武日光間

TS-30　東武動物公園　とうぶどうぶつこうえん	
	3.2km
TN-01　杉戸高野台　すぎとたかのだい	
	2.6km
TN-02　幸手　さって	
	4.6km
TN-03　南栗橋　みなみくりはし	
	3.5km
TN-04　栗橋　くりはし	
	6.7km
TN-05　新古河　しんこが	
	3.0km
TN-06　柳生　やぎゅう	
	2.0km
TN-07　板倉東洋大前　いたくらとうようだいまえ	
	3.9km
TN-08　藤岡　ふじおか	
	7.8km
TN-09　静和　しずわ	
	4.8km
TN-10　新大平下　しんおおひらした	
	3.0km
TN-11　栃木　とちぎ	
	2.1km
TN-12　新栃木　しんとちぎ	

去したレールや枕木は熊谷線に転用された。戦後、1951年に複線化工事が計画され、1973年7月に全区間が複線に復元された。

日光線では開業直後の1929年10月10日から特急の運転を開始し、国鉄が3時間10〜30分（上野〜日光間）かかるところを、わずか2時間24分（浅草〜東武日光間特急）で結んだ。1935年にはクロスシートや売店、化粧室を設けた特急用電車のデハ10形（のち5310系）を投入。その後は5700系、1700系、1720系DRC、そして現在の100系「スペーシア」、N100系「スペーシア X」と専用車両が投入されている。

南栗橋を境に列車の運転系統が大きく変わる

現在の日光線は、地元の通勤・通学輸送の利便性を高めるため地域間輸送を重視しており、南栗橋以南、南栗橋〜新栃木間、新栃木〜東武日光間の3区間に運転系統が分けられている。東武動物公園〜南栗橋間は東武スカイツリーラインの延長上にあり、都心に直通する列車が運行されている。浅草や北千住のほか、半蔵門線経由で東急田園都市線の中央林間を結ぶ急行・準急や、日比谷線の中目黒とを結ぶ列車もあり、車両も東武だけでなく東急や東京メトロもあり多彩である。南栗橋〜新栃木間、新栃木〜東武日光間はそれぞれ区間運転の普通列車が主体で、一部に南栗橋と東武日光や、宇都宮線の東武宇都宮、鬼怒川線の新藤原に直通する列車も運転されている。

なお、浅草と東武日光を直通する列車は、有料特急の「スペーシア X」「けごん」「リバティけごん」が運転されている。また、日光線から栗橋駅構内でJRに乗り入れる定期特急は「スペーシア日光」「きぬがわ」が運転されている。

板荷を過ぎると山深さが増す。日光連山を背に浅草を目指す100系「スペーシア」。

TN-13		TN-14		TN-15		TN16		TN-17		TN-18		TN-19		TN-20		TN-21		TN-22		TN-23		TN-24		TN-25
合戦場 かっせんば		家中 いえなか		東武金崎 とうぶかなさき		楡木 にれき		樅山 もみやま		新鹿沼 しんかぬま		北鹿沼 きたかぬま		板荷 いたが		下小代 しもごしろ		明神 みょうじん		下今市 しもいまいち		上今市 かみいまいち		東武日光 とうぶにっこう
	2.4 km		4.2 km		4.6 km		3.0 km		2.6 km		3.0 km		5.1 km		3.6 km		2.8 km		6.1 km		1.0 km		6.1 km	

TOBU **16**

宇都宮線・新栃木～東武宇都宮間
鬼怒川線・下今市～新藤原間

東武鉄道は栃木県内にも広大な路線網があり、日光線から宇都宮線と鬼怒川線が分岐している。宇都宮線は県庁所在地の宇都宮を結ぶ地域密着型の路線。鬼怒川線は沿線に鬼怒川温泉や東武ワールドスクウェアといった観光地を擁し、さらに野岩鉄道を介して会津鉄道と直通運転を行っている。

県庁所在地の繁華街に乗り入れる宇都宮線

　宇都宮線は、日光線の新栃木から分岐する全線単線の電化路線で、県庁所在地の宇都宮と、江戸時代から河岸と日光例幣使街道の宿場で栄えた栃木市を結ぶ路線として1931年8月11日に開業した。東武宇都宮駅はJRの宇都宮駅から1.5kmも離れているが、栃木県庁、宇都宮市役所といった行政機関をはじめ、飲食店や映画館などの娯楽施設も多い昔からの市街地にある。1959年には駅ビルの宇都宮東武ビルが完成し、東武宇都宮百貨店が開店した。2020年6月に特急「しもつけ」が廃止されたが、栃木・新栃木～東武宇都宮間のほかに南栗橋まで直通する列車が設定された。

　東武は建材として人気の大谷石の輸送を目的に敷設された軽便鉄道・宇都宮石材軌道を1931年に合併。接続駅を国鉄から宇都宮線の西川田に変更して輸送した。しかし、次第にトラック輸送に移行して1964年に全廃。宇都宮線の貨物輸送も、同時期に終了した。

壬生～国谷間で黒川を越える20400型。宇都宮線から特急はなくなったが、南栗橋発着が設定された。

■宇都宮線　新栃木～東武宇都宮間

TN-12		TN-31		TN-32		TN-33		TN-34		TN-35		TN-36		TN-37		TN-38		TN-39		TN-40
新栃木	2.0km	野州平川	1.9km	野州大塚	3.4km	壬生	3.5km	国谷	1.8km	おもちゃのまち	2.2km	安塚	3.5km	西川田	2.0km	江曽島	1.8km	南宇都宮	2.2km	東武宇都宮

鉄道の力で、秘湯を全国規模の温泉地に変革

　鬼怒川線は、日光線の下今市から分岐して新藤原とを結ぶ路線で、さらに野岩 やがん
鉄道、会津鉄道と相互直通運転を行っている。普通列車は東武日光〜下今市〜新
藤原間の運転が多く、新栃木や会津鉄道の会津田島を結ぶ列車もある。日中は鬼
怒川温泉または会津田島発着の特急がほぼ1時間に1本運転されていて、「リバ
ティきぬ」「リバティ会津」では下今市〜新藤原間の乗車に限り乗車券のみで利
用できる(ただし乗車券のみの場合、座席の指定なし)。

　観光地のため特急の運転本数は多く、浅草〜鬼怒川温泉間には「きぬ」が、
JRに乗り入れる新宿〜鬼怒川温泉間には「きぬがわ」と「スペーシアきぬがわ」
(臨時)が、会津鉄道に乗り入れる浅草〜会津田島間には「リバティ会津」が運転
されている。また、2017年には7月に東武ワールドスクウェア駅が開業、8月か
ら下今市〜鬼怒川温泉間で「SL大樹」の運転が開始され、人気を集めている。

　鬼怒川線は、もともと軌間762mmの下野電気鉄道として敷設された路線で、
省線日光線の今市駅前で接続し、藤原までを結んでいた。東武は日光線の建設に
あたり、下滝温泉(滝ノ湯)と鬼怒川の渓谷美に着目。下野電気鉄道と交渉をし、
改軌・電圧昇圧などの工事を
1930年までに行った。大滝駅
はそれに先立つ1927年に鬼怒
川温泉駅と改称。1935年には
浅草から特急列車の乗り入れ
を実現し、全国的な知名度を
持つ温泉地となった。1943年
5月、戦時下の交通統合により
東武鉄道と合併し、鬼怒川線と
なった。

鬼怒川線を走る500系「リバティ」。山間の地に敷設されたため、カーブが多い。

■鬼怒川線　下今市〜新藤原間

TN-23		TN-51		TN-52		TN-53		TN-54		TN-55		TN-56		TN-57		TN-58
下今市 しもいまいち	0.8 km	大谷向 だいやむこう	4.0 km	大桑 おおくわ	2.3 km	新高徳 しんたかとく	2.8 km	小佐越 こさごえ	0.7 km	東武ワールドスクウェア とうぶ	1.8 km	鬼怒川温泉 きぬがわおんせん	2.1 km	鬼怒川公園 きぬがわこうえん	1.7 km	新藤原 しんふじわら

公園の多い沿線にふさわしい路線愛称
東武アーバンパークライン①・大宮〜野田市間

大宮〜船橋間の東武アーバンパークラインは、正式名称を野田線といい、春日部、野田市、柏を経由するルートが採られている。いわば東京の外環状線ともいえる路線で、東京から放射線状に延びる路線を連絡している。

東北本線で輸送するために大宮まで開通

　野田線は名産の醤油を輸送するための鉄道が端緒である。もともとは舟運で輸送していたが、醸造量の増加と鉄道網の発展により、1911年5月9日に千葉県営軽便鉄道として野田町（現・野田市）〜柏間が開業した。1923年には路線維持を条件に民間譲渡し、北総鉄道（現在の北総鉄道とは異なる）が引き受けた。同社はさらに船橋まで延伸し、同年に完成した。

　さらに国鉄東北本線と接続する大宮への延伸を図り、1929年9月に野田町〜清水公園間、同年11月に大宮〜粕壁（現・春日部）間が開業。合わせて社名を総武鉄道（下総と武蔵）に改称し、翌30年10月に粕壁〜清水公園間が開業し、全通となった。

　また、京成電気軌道（現・京成電鉄）と接続する船橋〜海神間が1929年12月に延伸されたが、利用率が悪く1933年9月に営業停止、翌34年4月に廃止された。1944年3月、陸上交通事業調整法により東武に合併された。

特に利用者が多い大宮〜春日部間は複線になっている。写真は岩槻駅に入線する大宮行き列車。

■東武アーバンパークライン　大宮〜野田市間

TD-01		TD-02		TD-03		TD-04		TD-05		TD-06		TD-07		TD-08	
大宮 おおみや	1.2 km	北大宮 きたおおみや	1.0 km	大宮公園 おおみやこうえん	1.8 km	大和田 おおわだ	1.6 km	七里 ななさと	2.9 km	岩槻 いわつき	2.4 km	東岩槻 ひがしいわつき	1.3 km	豊春 とよはる	1.9 km

通勤通学利用が多い大宮〜春日部間

2014年4月1日から、野田線に「東武アーバンパークライン」の路線愛称が付けられ、各種案内や表示で使用されている。パークは本稿の区間内にある大宮公園と清水公園などに由来している。

大宮は東北・上越新幹線も停車するJR東北本線（宇都宮線）との接続駅。春日部は東武スカイツリーラインと接続し、どちらも都心に直結している。そのため、東武アーバンパークラインの大宮〜清水公園間は、大宮または春日部で他路線へ乗り換えるベッドタウンとして発展している。全列車が6両編成で運転されているが路線には複線と単線が混在し、ダイヤはほぼ限界になっている。以前は単線区間が多かったが、複線工事の推進により春日部〜運河間のみになった。

長いこと種別は普通のみだったが、2016年3月26日ダイヤ改正で急行が新設され、大宮〜春日部間では岩槻のみに停車し、春日部〜船橋間は各駅に停車するダイヤが組まれている。さらに2017年4月21日ダイヤ改正では帰宅時間帯の下

りのみに特急「アーバンパークライナー」が設定され、現在は浅草→大宮間・柏間が1本、大宮・春日部〜運河・柏間が3往復運転されている（いずれも土休日運休）。車両は500系「リバティ」を使用し、浅草発着の列車は浅草〜春日部間では2編成を併結した6両編成で運転。春日部で分割されて、それぞれ大宮と柏を目指す。線内完結の特急は3両編成である。

清水公園〜野田市間は高架化されたが、線路は単線である。写真は愛宕駅に接近する10030型。

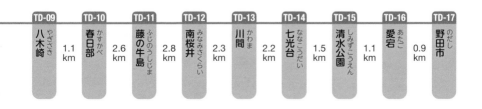

TD-09		TD-10		TD-11		TD-12		TD-13		TD-14		TD-15		TD-16		TD-17
八木崎 やぎさき	1.1 km	春日部 かすかべ	2.6 km	藤の牛島 ふじのうしじま	2.8 km	南桜井 みなみさくらい	2.3 km	川間 かわま	2.2 km	七光台 ななこうだい	1.5 km	清水公園 しみずこうえん	1.1 km	愛宕 あたご	0.9 km	野田市 のだし

>> 常磐線と総武線と接続する東側区間
>> 東武アーバンパークライン②・野田市～船橋間

野田市駅は、野田線の発祥の地である。ここを起点に柏と大宮に敷設され、さらに船橋へと延びて現在の線形ができ上がった。柏駅はJR常磐線と、船橋駅はJR総武線と、流山おおたかの森駅ではつくばエクスプレスと接続。東武アーバンパークラインは沿線の宅地が増え、利用者も増加し続けている。

スイッチバック構造の柏駅

　東武アーバンパークラインは大宮、春日部、柏、船橋を結び、東京から放射線状に延びる都市を外環状線として結んでいる。しかし、柏がスイッチバック頭端式の線路配置で直通運転をするには進行方向が変わるため、基本的に柏を境に運転系統が分かれている(ただし線路はつながっている)。これは前の項目で記したように、建設の経緯が野田市～柏間(野田線)と柏～船橋間(船橋線)で異なるからである。開業当初の柏駅は常磐線を挟んで野田市～柏間は西側、柏～船橋間は東

側にあり、同じ鉄道会社でありながら離れた場所にホームがあったが、1930年に1つの駅に統合された。路線名が「野田線」として統合されたのは1948年のことである。

　柏駅には駅ビルの柏高島屋ローズタウンが1979年11月19日に竣工し、柏高島屋ステーションモールとして高島屋百貨店が営業。野田線は駅ビルの2階に高架で入線する。両

運河～逆井間は複線が完成している。写真は増尾駅の手前の築堤上を走る8000型。

■東武アーバンパークライン　野田市～船橋間

TD-17		TD-18		TD-19		TD-20		TD-21		TD-22		TD-23		TD-24		TD-25
野田市 のだし	2.3 km	梅郷 うめさと	2.3 km	運河 うんが	1.9 km	江戸川台 えどがわだい	1.7 km	初石 はついし	1.6 km	流山おおたかの森 ながれやまおおたかのもり	1.3 km	豊四季 とよしき	3.2 km	柏 かしわ	2.9 km	新柏 しんかしわ	1.3 km

方向の営業列車は、一部列車が直通運転を行っている。2020年3月ダイヤ改正からは、日中時間帯の大宮〜船橋間に急行が1時間に2本設定された。柏では5分ほど停車し、進行方向を変えて直通する。

東武百貨店が入店する船橋駅

JR総武線と接続する終点の船橋駅も利用者が多い。駅に隣接して東武百貨店船橋店が入店しているが、これは船橋駅北口の再開発事業として船橋市から要請を受け、東武が80周年記念事業の一環として1977年10月にオープンした。東武百貨店は宇都宮、池袋に次ぐ3店目の出店となった。船橋東武ビルと再開発ビルの2棟からなるL字型で、船橋東武ビルの2階に野田線が乗り入れる。駅前はペデストリアンデッキでつながり、千葉県西部のターミナルにふさわしい佇まいである。

また、新京成電鉄・北総鉄道と野田線の交点に当初駅はなかったが、地元の要望で1999年11月25日に新鎌ケ谷駅が開設された。さらに初石〜豊四季間でつくばエクスプレスと交差することになり、同線が開業した2005年8月24日に流山おおたかの森駅が開設された。

伊勢崎線や東上線のように郊外から都心に向けて乗客が増える路線と異なり、環状ゆえに接続駅の前後で波があるのが東武アーバンパークラインの特徴である。宅地の郊外化により利用者数は増え続けているが、唯一の課題は単線の混在である。2020年に逆井〜六実間の複線化が完成、2021年には清水公園〜梅郷間の高架化が完成したが、現在も春日部〜運河間が単線である。

終点の船橋駅に入線する60000系。新船橋〜船橋間は高架になっていて、JRよりも一段高い場所を走る。

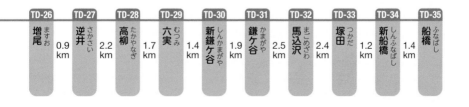

TD-26 増尾 ますお		TD-27 逆井 さかさい		TD-28 高柳 たかやなぎ		TD-29 六実 むつみ		TD-30 新鎌ケ谷 しんかまがや		TD-31 鎌ケ谷 かまがや		TD-32 馬込沢 まごめざわ		TD-33 塚田 つかだ		TD-34 新船橋 しんふなばし		TD-35 船橋 ふなばし
	0.9 km		2.2 km		1.7 km		1.4 km		1.9 km		2.5 km		2.4 km		1.2 km		1.4 km	

戦後の経済成長とともに利用者が急増 東上線①・池袋〜川越市間

東上線は、東上鉄道により1903年に仮免許申請書が提出された。このときの経路は巣鴨を起点に池袋、上板橋、和光、新座、川越、東松山を経由し、群馬県の藤岡、高崎を経て渋川に至る（いずれも現在の地名）もので、さらに第2期として新潟県の長岡まで計画されていた。社名は東京と上州から「東上」と名付けられた。

鉄道敷設時から東武役員が牽引

　1908年、東上鉄道に巣鴨〜渋川間の仮免許が下付されたが、建設資金が不十分で発起人は根津嘉一郎に会社創立を依頼。東武の経営陣から根津を含む5人が発起人に名を連ねた。起点は何度か変更され、最終的に池袋〜下板橋間を軽便鉄道、下板橋〜田面沢（現在の川越市駅以北）間を普通鉄道として着工。1914年5月1日、池袋〜田面沢間で営業を開始した。1916年2月に川越町（現・川越市）〜田面沢間は貨物線とされ、同年10月27日には川越町から方角をやや変えて坂戸町（現・坂戸）まで開業し、川越町〜田面沢間は廃止された。1920年7月27日に東上鉄道は東武と合併して「東武鉄道東上線」となった。

　太平洋戦争後は、朝霞にあった陸軍士官学校の跡地に進駐軍第1騎兵師団の朝霞基地が置かれ、旧陸軍板橋飛行場跡地に建設されたグラントハイツ住宅地まで啓志線（現・廃止）を敷設するなど、東上線は進駐軍にとって重要な路線となった。

家路を急ぐ旅客を乗せ、夕方の池袋駅を後にする東上線50000型。背後には東武百貨店池袋本店がそびえる。

■東上線　池袋〜川越市間

TJ-01		TJ-02		TJ-03		TJ-04		TJ-05		TJ-06		TJ-07		TJ-08		TJ-09		TJ-10		TJ-11
池袋	1.2 km	北池袋	0.8 km	下板橋	1.0 km	大山	1.0 km	中板橋	0.7 km	ときわ台	1.3 km	上板橋	1.4 km	東武練馬	1.5 km	下赤塚	1.5 km	成増	2.1 km	和光市

和光市以降 1.5 km

新駅開業と地下鉄乗り入れで利便性が増す

　日本の戦後復興、高度成長とともに池袋に直通する東上線の利用者数は増加し、1953年から戦前に複線化できなかった志木以北の複線化が進められた。1970年代に入ると朝霞台、みずほ台、柳瀬川などの新駅が設けられ、急増する団地開発に対応。1976年から10両編成での運転を開始した。

　1987年8月25日に和光市駅から営団地下鉄（現・東京メトロ）有楽町線との相互乗り入れが始まり、川越市〜和光市〜新富町間で直通運転が開始された（翌88年に新木場まで延伸）。合わせて和光市〜志木間の複々線化が完成した。1993年11月15日ダイヤ改正では最高速度が95km/hから100km/hに引き上げられ、翌94年12月7日には現・副都心線の有楽町線新線（小竹向原〜新線池袋駅〈現・副都心線池袋駅〉）間が開業し、乗り入れを開始した。

　2008年6月14日から座席定員制列車「TJライナー」が新設され、特急を廃止し、快速急行を新設。池袋発着列車は全て10両編成となった。2013年3月16日に東京メトロ副都心線（開業は2008年6月14日）が東急東横線・横浜高速鉄道みなとみらい線と直通し、東上線とも相互直通運転を開始した。

　2019年3月16日ダイヤ改正では、池袋〜小川町間に「川越特急」を新設。50090型をクロスシートで使用するが特急料金は不要で、池袋〜川越間を最速26分で結ぶ。また、横浜高速鉄道みなとみらい線・東急東横線から直通する土休日の下り快速急行3本の運転区間が小川町まで延長された。

　2023年3月18日に東急・相模鉄道の新横浜線が開業し、東上線にも東急東横線から新横浜線を経由し、相模鉄道に直通する列車が設定された。

東京メトロ有楽町線と相互乗り入れするため、複々線になった和光市〜志木間。

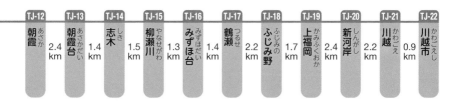

TJ-12		TJ-13		TJ-14		TJ-15		TJ-16		TJ-17		TJ-18		TJ-19		TJ-20		TJ-21		TJ-22
朝霞 あさか	2.4 km	朝霞台 あさかだい	1.4 km	志木 しき	1.5 km	柳瀬川 やなせがわ	1.4 km	みずほ台 みずほだい	1.4 km	鶴瀬 つるせ	2.2 km	ふじみ野 ふじみの	1.7 km	上福岡 かみふくおか	2.4 km	新河岸 しんがし	2.2 km	川越 かわごえ	0.9 km	川越市 かわごえし

小川町で運転系統が二分される北部区間
東上線②・川越市〜寄居間

坂戸まで開業した東上線は、さらに東松山、小川町、寄居まで開業。この先は免許が失効したためこれで全通となった。かつては池袋〜寄居間の直通列車も運転されていたが、現在は小川町で運転系統が二分されている。

戦後恐慌で建設が遅れた坂戸以北

　1916年に川越町（現・川越市）〜坂戸町（現・坂戸）間が延伸された東上鉄道は、1920年7月27日に東武鉄道と合併し、東上線となった。この1920年は第一次世界大戦後の戦後恐慌があり、物価高騰と景気低迷で延伸が遅れ、合併直前の6月に小石川〜下板橋間（当初申請の起点）、高崎〜渋川間、1924年には寄居〜高崎間が期限切れで失効した。

　1923年10月1日、ようやく坂戸町〜武州松山（現・東松山）間が竣工し、同年11月5日には小川町まで開通した。武蔵嵐山〜小川町間は現在も駅間が7.0kmと長い。また、坂戸〜高崎間全体の竣工期限の延期を申請したところ、1924年5月に坂戸町〜寄居間に限り同年12月31日までの期限付きで認められたため、急ぎ工事にかかり1925年7月10日に小川町〜寄居間が竣工し、現在の東上線としての全通になった。寄居には1933年に国鉄（現・JR）八高線が乗り入れ、会社は違うものの池袋から高崎までのルートが確保された。

北坂戸以北は、駅周辺は住宅街だが、駅間には関東平野らしい農村地帯が広がる。写真は高坂〜東松山間。

■東上線　川越市〜寄居間

TJ-22		TJ-23		TJ-24		TJ-25		TJ-26		TJ-27		TJ-28		TJ-29		TJ-30	
川越市 かわごえし	3.4 km	霞ケ関 かすみがせき	2.2 km	鶴ケ島 つるがしま	1.9 km	若葉 わかば	1.7 km	坂戸 さかど	2.1 km	北坂戸 きたさかど	3.5 km	高坂 たかさか	3.7 km	東松山 ひがしまつやま	2.7 km	森林公園 しんりんこうえん	2.8 km

1929年12月29日に川越市〜寄居間の電化が完成し、東上線は全線電化路線となった。ただし、戦前の複線化は志木までであった。1945年1月17日に、陸軍松山飛行場建設のため、武州松山〜武蔵嵐山間が経路変更された。

運行上の拠点駅となった森林公園と小川町

川越市までの複線化は1954年に完成したが、その先は少しブランクがあり、1965年に坂戸町まで、1968年に東松山（1954年10月に改称）まで完成。また、沿線の宅地化は川越市以北にも広がっており、1971年に森林公園、1973年に北坂戸、1979年に若葉の新駅が開設され、1977年には複線区間が森林公園まで延長された。なお、森林公園には駅の開設に合わせて森林公園検修区が開設され、東上線系統の車両基地機能を川越電車区から移転。運行上の拠点となり、現在は相互直通運転をする東急東横線やみなとみらい線の車両も乗り入れている。

2002年に森林公園〜武蔵嵐山間を複線化。2005年3月17日ダイヤ改正で嵐山信号場が設けられ、武蔵嵐山〜嵐山信号場間が複線化された（以北は現在も単線）。この改正で小川町〜寄居間がワンマン運転に変更され、土休日に残っていた池袋〜寄居間の直通列車も廃止。小川町駅で分断される運転形態となった。

2020年10月には東武竹沢〜男衾間にみなみ寄居が開業。隣接する本田技研工業の工場への通勤輸送を目的とした請願駅で、ホンダ寄居前の副駅名が付けられた。

なお、1949年4月3日から1992年3月31日まで、長瀞や秩父への観光輸送を目的に寄居から秩父鉄道への片乗り入れが行われ、「ちちぶ」「みつみね」「ながとろ」などの愛称付き列車が運転されたこともある。

鉢形〜玉淀間に架かる荒川橋梁を渡る8000型。

TJ-31		TJ-32		TJ-33		TJ-34		TJ-35		TJ-36		TJ-37		TJ-38		TJ-39
つきのわ	1.7 km	武蔵嵐山 むさしらんざん	7.0 km	小川町 おがわまち	3.0 km	東武竹沢 とうぶたけざわ	1.8 km	みなみ寄居 よりい	1.9 km	男衾 おぶすま	2.7 km	鉢形 はちがた	0.9 km	玉淀 たまよど	0.6 km	寄居 よりい

越生梅林へのアクセス路線
越生線・坂戸〜越生間

越生線は、太平洋戦争中の陸上交通事業調整法により、東武鉄道に組み込まれた路線である。そもそもは高麗川で採取した砂利の輸送を目的に敷設され、八高線に対抗して越生まで延伸された。現在は貨物輸送はなく、区間内の折り返し運転になっているが、春ともなると越生梅林への観梅客で大いににぎわう。

砂利輸送を目的に敷設された越生鉄道

越生線を開通させた越生鉄道は、1927年9月22日に地方鉄道の免許を取得し、翌28年9月28日に創立。初代社長に東武鉄道専務取締役の吉野伝治が就任し、開業時から東武から機関車と貨車の貸し出しを受けるなど、東武との結び付きが強かった。敷設の主目的は高麗川で採取した砂利の輸送で、1932年2月17日に坂戸町〜高麗川右岸間の5.0kmが開業。1カ月平均2500トンの砂利を輸送した。

翌33年に国鉄八高線が越生町まで達したため越生鉄道も延伸を急ぎ、1934年12月16日に国鉄越生駅まで開業。坂戸町〜越生間の10.9kmが全通した。これに合わせて旅客輸送を開始したが、並行する東武鉄道の直営バスが好評で、旅客数が伸び悩んだ。

そこで、交換設備を持つ西大家駅を開設して所要時間を短縮

梅林が有名な越生では、越生線沿線にも梅の木が植えられていて、春になると車窓を楽しませてくれる。

■越生線　坂戸〜越生間

TJ-26		TJ-41		TJ-42		TJ-43		TJ-44		TJ-45		TJ-46		TJ-47
坂戸 さかど	2.8 km	一本松 いっぽんまつ	1.6 km	西大家 にしおおや	1.2 km	川角 かわかど	2.0 km	武州長瀬 ぶしゅうながせ	1.0 km	東毛呂 ひがしもろ	0.8 km	武州唐沢 ぶしゅうからさわ	1.5 km	越生 おごせ

し、さらに運転本数を増やしたところ、旅客は開業時の4倍に増加した。しかし、戦時下の燃料統制で本数が減少。1943年7月に陸上交通事業調整法により東武に統合されて越生線となった。翌44年12月には軍部から不要不急線に指定されて運休となり、線路などの資材は東上線が被爆したときの復旧用としてそのまま確保された。

　終戦後の1945年12月に営業を再開。戦後復興のセメント輸送で利用が激増し、1950年7月には電化された。

一駅間を複線化して効率的に輸送力アップ

　1962年に東上線のダイヤが大規模に改正され、日中に池袋～越生間の直通列車が設定された。こうした利便性の向上もあり、宅地の郊外化は越生線沿線にも波及した。そこで、1987年8月25日に武州長瀬～東毛呂間の1.0kmを複線化。わずか1駅間の複線化だが、線路容量の増加により朝ラッシュの運転本数を1時間に5本から6本に増発。日中も3本から4本に増やし、坂戸で東上線の急行に接続するダイヤが組まれた。

　現在は池袋方面への直通列車はなく、全てが**ワンマン運転**による坂戸～越生間の折り返し運転である。1時間あたり4本（15分間隔）の運転を基本に、7・8時台は5本（坂戸発）が運転されている。終点の越生は梅林が有名で、かつては観梅のシーズンに池袋から直通臨時列車が運転されたこともある。2017年3月5日には、14年ぶりに直通列車が運転された。

　なお、越生線の敷設目的だった貨物輸送については、1984年に廃止されている。

武州唐沢の先から越生まではJR八高線と併走する。左の電化されている側が東武、右の非電化が八高線でそれぞれ単線である。

越生線の駅では、ホームドアは設けていないが人感センサーを設置して安全性を高めている。

| 用語解説 | ワンマン運転
［わんまんうんてん］ | 運転士が運転業務のほかにドアの開閉や車内放送（テープ放送を含む）といった客扱いの車掌業務を担うことで、1人で乗務する列車。運転士と車掌が乗務するのをツーマン運転という。乗降時にきっぷの改札を行う列車もあるが、東武は改札は駅で行うため、車内では行っていない。 |

東武鉄道との乗り入れ路線①
伊勢崎線・日光線系統の相互直通運転

東武伊勢崎線系統では、通勤向けと観光向けの相互直通運転が行われている。特に通勤向けは東京メトロの日比谷線と半蔵門線に乗り入れていて、1路線から地下鉄2路線に乗り入れているのは珍しい。また、日光線・鬼怒川線では観光輸送が主体の列車を他路線に乗り入れさせて、利便性を高めている。

都心方面の乗り入れ路線

　伊勢崎線は1962年から営団地下鉄（現・東京メトロ）日比谷線との相互乗り入れを行い、銀座・霞ヶ関方面へ乗り換えなしで行けるようになっている。現在の乗り入れ区間は東京メトロ側が北千住〜中目黒間（日比谷線の全線）、東武側が北千住〜南栗橋間で、東武動物公園または北越谷での折り返しが多い。このルートは長い間、東急東横線との3社で維持されていたが、日比谷線と東横線の相互乗り入れは2013年に終了し、現在の2社体制に変わっている。

　伊勢崎線・日比谷線の直通ルートは実質的に東武の本線となり、混雑は年々激しさを増していった。そのため、バイパスとして東京メトロ半蔵門線・東急田園都市線との直通ルートが整備され、2003年3月19日に東武伊勢崎線との相互直通運転が行われた。これによる乗り入れ区間は東武側が押上〜久喜・南栗橋間、東京メトロ区間は押上〜渋谷間（半蔵門線の全線）、東急側は渋谷〜中央林間間（田園都市線の全線）となっている。また、東武・東京メトロ・東急の3社とも、自社の車両を直通ルートの全区間へ乗り入れさせている。

北千住〜東武動物公園間は、東京メトロの半蔵門線と日比谷線が乗り入れ、さらに伊勢崎線の久喜、日光線の南栗橋まで直通する。写真は半蔵門線の18000系。

東急田園都市線内を走る東武50050型。相互乗り入れで走行範囲がとても広くなった。

野岩鉄道と会津鉄道が接続する会津高原尾瀬口駅での500系「リバティ」。右には会津鉄道の気動車が停車する。

JRの大宮駅に入線する100系「スペーシア」。東武アーバンパークラインとは違うルートで大宮に東武の電車が入るのも、おなじみの光景になった。

行楽客向けの乗り入れ路線

　有名観光地を多く控える日光・鬼怒川エリアへは、東武と他の鉄道の乗り入れルートがいくつか設けられている。その先駆けとなったのは**野岩鉄道**（新藤原〜会津高原尾瀬口）との乗り入れで、1986年の野岩鉄道会津鬼怒川線開業時に、浅草〜新藤原〜会津高原（現・会津高原尾瀬口）を直通する快速電車がデビュー。野岩線は終点で会津鉄道（当時の会津高原〜西若松間）に接続し、浅草から会津若松への新しい鉄道ルートが誕生した。

　会津鉄道はこの後、会津高原〜会津田島間が電化され、浅草からの優等列車は、会津田島まで直通するようになった。さらに、非電化の会津鉄道からは同社の気動車が東武の鬼怒川線・日光線に乗り入れるようになり、会津若松〜鬼怒川温泉・東武日光間の快速「AIZUマウントエクスプレス」として運転されている。

　一方、2006年には、新宿〜東武日光・鬼怒川温泉間をJR東日本の特急「日光」「きぬがわ」、東武の特急「スペーシア日光」「スペーシアきぬがわ」が走り始めた。いずれも新宿〜栗橋間はJRの山手貨物線・東北本線、栗橋以北は東武日光線・鬼怒川線経由で、互いのルートの弱点を補いあっている。かつて単独で優等列車を走らせ、激しく争った2社による画期的な相互乗り入れである（154-155ページ参照）。

| 用語解説 | 野岩鉄道 [やがんてつどう] | 鬼怒川線の新藤原と、会津鉄道の会津高原尾瀬口とを結ぶ第三セクター。福島県、栃木県のほか東武も出資している。社名は下野国と岩代国に由来。1986年10月9日に全線電化で完成、開業時より浅草から直通運転があり、2017年4月からは500系「リバティ会津」が乗り入れている。 |

東武鉄道との乗り入れ路線②
東上線系統の相互直通運転

東上線系統は、和光市から東京メトロに乗り入れているが、小竹向原から先は有楽町線を走る列車と、副都心線を介して東急東横線・横浜高速鉄道に乗り入れる列車がある。特に副都心線には西武鉄道からの乗り入れもあるため、和光市では5社の列車が往来する多彩な姿が見られる。

都心方面の乗り入れ路線

　東上線の都心側ターミナルは池袋で、都心の丸の内・銀座方面へは、かつては地下鉄線への乗り換えを余儀なくされていた。この不便を解消するため、1987年から営団地下鉄(現・東京メトロ)有楽町線との相互乗り入れが開始された。乗り入れ区間は東京メトロ側が和光市〜新富町(翌88年に新木場まで延伸)、東武側が和光市〜森林公園間で、東武側は川越市での折り返しが多い。

　有楽町線の和光市〜小竹向原間は**副都心線**との共用区間で、この区間および和光市以西の東上線には、東急電鉄・横浜高速鉄道の車両も乗り入れてくる。また、有楽町線の和光市〜新木場間には東上線のほか、西武池袋線・有楽町線の列車も乗り入れている。東上線からの直通運転には9000型・9050型・50070型が充当されている。一方、東京メトロから17000系と10000系、東急電鉄から5000系・5050系が小川町まで(8両編成は志木まで)、横浜高速鉄道からY500系が志木まで乗り入れる。

　なお、相模鉄道との相互直通運転には東急5050系が使用される。相模鉄道20000系の乗り入れは和光市までで、東上線内は走行しない。

東京メトロ有楽町線・副都心線からは10000系(写真)と17000系が乗り入れる。写真は川越市で折り返しの列車。

東上線には、東急東横線の5050系が小川町まで乗り入れている。写真は元町・中華街まで直通する「Fライナー」。

副都心・横浜方面の乗り入れ路線

　和光市では、東上線は東京メトロ副都心線（和光市〜渋谷間）とも結ばれている（和光市〜小竹向原間は有楽町線と線路を共用）。2008年から両線の相互乗り入れが始まり、2013年3月に副都心線の先の東急東横線（渋谷〜横浜間）、横浜高速鉄道みなとみらい線（横浜〜元町・中華街間）が結ばれると、東上線の森林公園から元町・中華街までの長大な鉄路が4社の相互乗り入れ区間となった。この区間は4社によって完全にシェアされ、東武の車両は元町・中華街まで、東京メトロと東急の車両は森林公園まで乗り入れる。

　一方、小竹向原〜元町・中華街間の鉄道3社（東京メトロ、東急、横浜高速鉄道）は、西武池袋線・有楽町線とも相互乗り入れを行っている。西武線内の乗り入れ区間は新桜台〜飯能間で、これを含む飯能〜元町・中華街間の全線が、西武・東京メトロ・東急・横浜高速の4社にシェアされている。

　副都心線と隣接2路線を結ぶ列車のうち、東武の「急行」、東京メトロの「急行」、東急・横浜高速鉄道の「特急」は、分かりやすく「Fライナー」と呼ばれている。東上線の駅に発着する「Fライナー」は、東上線・副都心線内を急行、東横線・みなとみらい線内を特急として走る列車である。西武線内では、「Fライナー」は快速急行として運転されている。

東急東横線を走る50070型。小竹向原以南では、東武、西武、東京メトロ、東急、横浜高速鉄道の計5社の車両が行き交う。

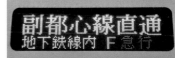

東上線内での「Fライナー」の表示。行き先と「副都心線直通」の文字が交互に表示される。

用語解説	副都心線 ［ふくとしんせん］	東京13号線として構想された路線で、山手線西側の池袋・新宿・渋谷の三大副都心を結び、山手線の補完的な役割も担う。小竹向原〜池袋間は先行して着工され、1994年12月7日に開業して有楽町新線と呼ばれた。その後、2008年6月14日に和光市〜渋谷間の全線が開業。副都心線と命名された。

TOBU 24

120年以上の歴史に刻まれた 東武鉄道の廃止路線

東武鉄道の営業規模は昔から大きく、ゆえに廃止路線の数も多い。廃止になった路線には、砂利や石材の輸送を目的に明治時代に敷設された貨物線や人車鉄道もあり、現在の「鉄道」とはイメージが違う路線も多いようだ。ここではそのあらましと、主要な路線を紹介しよう。

エリア別に見る廃止路線

伊勢崎線の館林以西（両毛地方）では、本線・支線の多くの駅から短距離の貨物専用線が分岐していた。これらは石灰石の積み出し、または渡良瀬川・利根川からの砂利輸送に使われ、伊勢崎線の貨物列車と連係していた。代表的な路線は会沢線（葛生〜第三会沢間、佐野線に接続）、仙石河岸線（西小泉〜仙石河岸間、小泉線に接続）などである。会沢線は電化のうえ長く使われたが、1997年に廃止された両毛の最後の廃止線である。高崎線の熊谷駅からは、利根川に向かって熊谷線（熊谷〜妻沼間）が分岐していた。前面2枚窓のキハ2000形（136ページ）で親しまれたが、対岸の小泉線とは結ばれることなく、1983年に廃止された。

日光線エリアには、宇都宮線と国鉄日光線に接続する大谷線（西川田〜立岩間など）、大谷軌道線（鶴田〜徳治郎間など）があった。これらは良質の石材である**大谷石**の積み出しのために造られ、非電化で運営された。路線網は細かく広がり、宇都宮市の北部・西部を幅広くネットしていた。軌道線は1952年、大谷線は1964年に廃止された。

日光市内には、日光軌道線（国鉄駅前〜馬返間）が運営されていた。観光輸送と工業製品の積み出しに使われた電気軌道で、急勾配を上り下りする路面電車と貨物列車がユニークだった。廃止されたのは1968年である。

鬼怒川線の現・新高徳駅からは矢板線（新高徳〜矢板間）が延びていた。沿線の高原山に産する木材や石材を東北本線の矢板駅へ運ぶ非電化路線で、イギリス製の蒸気機関車が旅客・貨物の混合列車を牽いて走っていた。廃止は1959年である。

東上線にも両毛地方のような貨物線がいくつか付属していたが、1980年代までに全て使命を終えている。進駐軍の占領時代には米軍専用の啓志線（上板橋〜グラントハイツ間）があった。廃止は1959年である。

　群馬県渋川市を中心とするエリアには、路面電車の伊香保軌道線があった。本線格は伊香保温泉にアクセスする伊香保線（渋川駅前〜伊香保間）で、高崎線（高崎駅前〜渋川新町間）と前橋線（前橋駅前〜渋川新町間）が接続していた。長大な路線延長と渋川以西の急勾配がユニークだったが、1956年に全廃されている。

●東武鉄道の廃止路線

系統	路線名	区間	開通	廃止	備考
伊勢崎線	千住線	中千住〜千住	1935年11月1日	1987年5月1日	貨物線
	大利根砂利線	羽生〜利根川右岸	不詳	1962年9月	貨物線
	東武和泉砂利線	東武和泉〜渡良瀬川右岸	不詳	1967年3月23日	東武開発の貨物線
	借宿線	野州山辺〜借宿・只上	1928年2月1日	1935年7月7日	川砂利輸送
	徳川河岸線	木崎〜平塚河岸	1925年11月27日	1968年6月11日	利根川砂利線
佐野線	佐野連絡所〜越名間	佐野連絡所〜越名	1889年8月10日	1917年2月16日	開通は安蘇馬車鉄道
	戸奈良線	田沼〜戸奈良・戸室	1920年下期	1939年4月5日	川砂利輸送
	会沢線	葛生〜第三会沢	1920年8月23日	1997年10月1日	人車で開業。東武最後の貨物線
	大叶線	上白石〜大叶	1929年4月1日	1986年10月21日	貨物線
	羽鶴線	上白石〜羽鶴	1951年5月21日	1991年11月26日	日鉄鉱業専用線
小泉線	仙石河岸線	西小泉〜仙石河岸	1939年4月13日	1976年10月1日	貨物線
	熊沢線	熊沢〜妻沼	1943年12月5日	1983年6月1日	軍命令で敷設
日光軌道線	日光軌道線	国鉄前〜馬返	1910年8月10日	1968年2月24日	
	日光鋼索鉄道線	馬返〜明智平	1932年8月28日	1970年4月1日	鋼索鉄道
	日光普通索道線	明智平〜展望台	1933年11月3日	−	1985年4月1日、日光交通へ譲渡
宇都宮線	柳原線	柳原信号所〜柳原採取場	1937年10月9日	1989年11月28日	川砂利輸送
	小倉川砂利線	壬生〜小倉川採取場	1937年5月14日	1984年12月1日	川砂利輸送
大谷線	大谷線	西川田〜立岩	1898年9月3日	1964年6月16日	大谷線で最後に廃止された区間
		分岐点〜荒針	1915年4月30日	1964年6月16日	開通は宇都宮石材軌道
		新鶴田〜鶴田	1915年5月30日	1952年9月1日	開通は宇都宮石材軌道
大谷軌道線	大谷軌道線	材木町〜荒針	1897年4月3日	1940年4月10日	人車軌道として敷設
		西原町〜鶴田	1903年3月2日	1932年1月29日	人車軌道として敷設
		分岐点〜弁天山	1898年9月3日	1952年4月1日	弁天山支線
		荒針〜風返	不詳（明治）	1952年4月1日	風返支線
		西原町〜芳原	1899年2月17日	1932年7月16日	開通は野州人車鉄道
		仁良塚〜徳次郎	1900年2月15日	1932年7月15日	開通は野州人車鉄道
		分岐点〜岩本	不詳（明治）	不詳	
日光線	新今市〜大谷川間	新今市〜大谷川右岸	1919年10月1日	1929年10月22日	開通は下野軌道
鬼怒川線	矢板線	新高徳〜矢板	1924年3月1日	1929年10月22日	開通は下野電気鉄道
野田線	海神線	船橋〜海神	1925年12月	1934年4月3日	開通は北総鉄道、廃止は総武鉄道
東上線	啓志線	上板橋〜グラントハイツ	1943〜45年	1959年7月22日	練馬倉庫〜啓志間は1946年3月25日開通
	川越〜田面沢間	川越市〜田面沢	1914年5月1日	1916年10月27日	東上鉄道開業時の終点
	東松山専用鉄道高本線	高坂〜高本	1955年10月1日	1984年8月1日	高坂構外側線
	根古屋線	小川町〜根古屋	1926年9月5日	1967年4月1日	石灰石輸送
越生線	日本セメント専用線	西大家信号所〜日高構内	1963年5月16日	1984年8月1日	西大家構外側線
伊香保軌道	伊香保軌道高崎線	高崎駅前〜渋川新町	1893年9月1日	1953年7月1日	開通は群馬電気馬車
		長塚町〜下之町	1911年2月2日	1917年3月26日	開通は高崎水力電気
	伊香保軌道前橋線	前橋駅前〜渋川新町	1890年7月14日	1956年12月29日	開通は上毛馬車鉄道
	伊香保軌道伊香保線	渋川駅前〜伊香保	1910年10月16日	1956年12月29日	開通は伊香保電気軌道

※開通はその路線で最も古い年月日、廃止は最も新しい年月日

用語解説　大谷石［おおやいし］ 栃木県宇都宮市大谷町付近一帯から採掘される、流紋岩質角礫凝灰岩の総称。軽くて軟らかいため加工しやすく、帝国ホテル旧本館や宇都宮カトリック教会をはじめ、駅のプラットホームや民家の門柱などの建材として使われた。大谷町の地下採掘場跡は大谷資料館として公開されている。

日光観光のメインルートだった
日光軌道線の路面電車

東武では合併により軌道線（路面電車）も有していたが、その中でも特徴的だったのが日光市内を走っていた日光軌道線である。観光地へのアクセスに加え、貨物輸送も行っていて、日光の風景になじんでいた。バスやトラックに置き換えられて半世紀以上前に廃止されたのが惜しまれる路線である。

ケーブルカーに接続して明智平へ

　日光の街中に、かつて路面電車が走っていた。東武鉄道の日光軌道線（国鉄駅前～馬返間10.6km）である。前身は1910年開業の日光電気軌道で、1947年から東武鉄道の路線になった。

　この路線は、日光の門前町から大谷川をさかのぼる山岳路線だった。線内には50～60‰の急勾配が続き、終点の馬返では、明智平行きのケーブルカーに接続していた。明智平は男体山・中禅寺湖・華厳の滝を一度に見られる場所で、第二いろは坂からロープウェイで登ることもできる（ロープウェイは今でも現役）。

　神橋のそばで大谷川に架かっていた鉄橋は、絵になるシーンとして人気があった。また、終点の3km手前の清滝駅には古河鉱業の日光電気精銅所があり、銅製品を運ぶ貨物列車が国鉄日光駅まで運転されていた。

つづら折りの勾配を下る連接車体の200形。日光軌道線が勾配路線なのが写真からも分かる。写真／児島眞雄

CHAPTER 2

昭和30年代になると、日光軌道線は東武特急とタッグを組み、観光のメインルートとして売り出すようになった。だが、間もなくモータリゼーションが始まり、日本の各地に自動車が増え始めた。公共交通もバス化が進んで、日光軌道線は1968年に営業を廃止。その2年後には、ケーブルカーも廃止となった。

東武日光駅前で乗降する日光軌道線。右奥には路線バスの姿も見える。写真/児島眞雄

名物の電車と電気機関車

軌道線の末期を飾ったのは、1953年製の100形と、翌年導入の200形である。ともに前面2枚窓の軽快なスタイルで、100形は単行型、200形は2車体連接車であった。これらは若草色の車体に朱色の帯を3本巻き、日光の山々と神橋の色をアピールしながら走っていた。山岳ルートの50〜60‰勾配を上り下りするため、抑速ブレーキを装備していたのもこの路線らしい特徴だった。路線の廃止後、100形は全車が岡山電気軌道に引き取られ、ビューゲルをパンタグラフに付け替えて3000形となった。現在も2両が営業運転を続けている。

電気機関車では、戦前製のED600形が面白い。元鉄道省のED40形で、新製時はED4000形と呼ばれていた。この車両は、なんと国産初の電気機関車で、アプト式として信越本線の横川〜軽井沢間で使われたものである。602号機は廃線後に国鉄へ戻され、長い歳月を経たのち、碓氷峠時代の姿に復元された。現在はJR東日本の鉄道博物館（さいたま市）で保存されている。戦後製の電気機関車ED610形はED600形の後継機で、1両だけ造られた。東武はえぬきの日光軌道線専用車で、丸みのある風貌がユニークだった。

日光連山の絶景を行く、廃止直前の日光鋼索鉄道線（ケーブルカー）。写真提供/東武博物館

| 用語解説 | ‰
[ぱーみる] | 1000mあたりの高低を示す勾配の表示。60‰とは、1000m進む間に60mほど高く（低く）なるという意味。国鉄・JR最大の急勾配で知られる碓氷峠は66.7‰（約3.8度）でEF63形が2両も補機に連結されたことを考えると、50〜60‰の急勾配が続く日光軌道線がどれだけ厳しかったかが分かる。 |

貨物駅から東京スカイツリー®へ

都心の貨物駅が観光施設に激変

　東武では創業時から貨物輸送を行っており、川砂利や石材、セメントなどの輸送が盛んで、高度経済成長期における東京の建設ラッシュを支えていた。東京側では、業平橋（現・とうきょうスカイツリー）駅に隣接する貨物駅にはホッパ設備が設けられ、中千住信号所（牛田〜北千住間）から分岐する千住線の先に船運と接続する千住ドッグを開設。東上線でも下板橋駅に隣接して貨物駅が開設された。

　しかし、川砂利の採取禁止やトラック貨物へのシフトにより取扱量が縮小。1986年11月1日、国鉄の貨物輸送の変更に合わせて東武でも貨物ダイヤを改正し、大規模に縮小した。そして2003年9月30日、東武における貨物輸送が全廃された。

　これにより、都市部の貨物施設が不要になり、各貨物駅の再開発が行われた。業平橋貨物駅は1993年3月25日で貨物輸送が廃止され、2004年から再開発に着手。折しも2003年12月に「在京6社新タワー推進プロジェクト」が発足し、墨田区・地元関係者から新タワー誘致の協力が要請された。それを受けて東武は2005年2月に新タワー事業への参入を表明。同年3月には放送事業者が墨田区押上地区を第1候補に選定し、2006年3月に新タワー建設地として最終決定した。

　2008年7月に着工され、2012年2月に竣工、5月22日に開業した。貨物輸送を支えた業平橋駅はとうきょうスカイツリー駅に改称され、新たな歴史を刻み始めた。

広大な構内が広がる1962年当時の業平橋駅。入換をしたのか、63号蒸気機関車が単機で行く。写真/児島眞雄

1975年1月撮影の業平橋駅上空。広大な貨物駅が広がっている。写真/国土地理院地図・空中写真閲覧サービスより加工

CHAPTER 3 第3章

東武鉄道の
駅がわかる

東武鉄道には 12 路線計 205 の旅客駅があり、北千住や池袋のような巨大ターミナルもあれば、片面ホーム 1 面 1 線の小さな駅や無人駅もある。浅草駅や東武日光駅のように外国人旅行者対応施設を備えた駅、駅弁販売駅、スイッチバックの柏駅など、特徴はさまざまだ。本章では、東武鉄道各線の主要駅を、東武スカイツリーライン・伊勢崎線、日光線、宇都宮線、鬼怒川線、東武アーバンパークライン、東上線の順に紹介する。

東武鉄道の起点駅
東武スカイツリーライン・浅草駅

古くから「日本一の盛り場」としてにぎわいを見せてきた浅草の中心駅。JR線の駅との接続はなく、通勤・通学輸送のメインルートからは外れているものの、特急の起点駅であり、国際的な観光地である日光・鬼怒川へのゲートウェイとなっている。外国人向けの対応が厚く、駅構内の施設も整っている。

2012年のリニューアル改装で、開業時のアールデコ様式に戻された浅草駅。夜間はライトアップされて魅力が増す。

関東初の本格的な百貨店を併設した駅ビル

　東武で初めて「浅草」を名乗った駅は、現在のとうきょうスカイツリー駅である。同駅は1902年4月1日に吾妻橋駅として開業し、1910年3月1日に浅草駅に改称したが、駅の所在地は隅田川の東側、現在の地名でいえば墨田区押上1丁目である。悲願だった隅田川の西岸に現在の浅草駅が開業したのは、1931年5月25日。当時の駅名は「浅草雷門」といい、初代の浅草駅は業平橋（なりひらばし）に改称された。

　東武は浅草雷門駅を都心側のターミナルとすべく、地上7階地下1階の駅ビルを建設し、2階に頭端式のホームを設けた。ビルの3〜5階には松屋百貨店が入店し、1931年11月に関東で初となる本格的な百貨店併設のターミナルビルがオープンした。アールデコ様式の駅ビルにはアーチ形の大窓や時計塔が設けられ、1階からホームへ向かう大階段の両側にエスカレーターが設置された。こうした歴史や構造により、1997年に「関東の駅百選」に選定された。

特急始発駅としての存在感を示す

　浅草雷門駅は1945年10月1日に浅草駅に改称された。1954年7月19日に東武初の自動券売機設置、1957年3月にホーム増設、1960年12月4日に都営地下鉄1号線（現・浅草線）が開業すると地下鉄2路線との接続駅となるなど、ターミナルとしての機能を強化していく。

　だが、浅草駅はホームの有効長が6両分しかなく（1番線ホームのみ8両停車可能に延伸）、駅を出てすぐに半径100m（速度制限15km/h）という急カーブがあるなど構造上の制約を抱えた上に、関東で唯一、JR線と接続していない私鉄のターミナルでもあった。そのため、伊勢崎線の利用客数が増大するにつれて不便さが増してしまい、半蔵門線との相互乗り入れで利便性の向上を図った。

　とはいえ、下町の代表である浅草の最寄り駅であり、国際観光地・日光への玄関口という地位は健在だ。浅草駅は「スペーシアX」「けごん」「きぬ」など特急の起点駅で、「スペーシアX」の登場に合わせて特急専用ホームの入り口にあるインフォメーションカウンターや5番線ホームがリニューアルされた。また、改札外の1階にはツーリストインフォメーションセンターも設けられている。

「スペーシアX」の運転開始に合わせてリニューアルされた5番線ホーム。社有山林の間伐材を使用し、日光の自然や荘厳さを感じさせる木目調の装飾と光の演出を多用したデザインとなった。

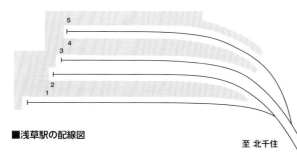

■浅草駅の配線図

至 北千住

開業年
1931年5月25日
1日平均乗降人員（順位）
34,577人（35位）

※データは2022年度（以下同）

用語解説　浅草雷門 [あさくさかみなりもん]　大提灯がシンボルの浅草寺山門で、正式名称は風雷神門。向かって右に風神、左に雷神が配されている。建造は941年といわれる。現在の雷門は1960年に再建されたもので、10年ごとに大改修が行われている。東武鉄道浅草駅は開業から14年間「浅草雷門駅」と名乗っていた。

三層構造で膨大な旅客と列車を仕切る
東武スカイツリーライン・北千住駅

東武は北千住駅を起点に北関東や都内に路線を延ばしていったため、伊勢崎線の0キロポストは北千住駅1番線にある。現在の北千住駅は、伊勢崎線、JR常磐線、東京メトロ日比谷線と千代田線、つくばエクスプレスが乗り入れる、東京北東部の一大ターミナルとなっている。

すべての特急が停車する、東武鉄道発祥の駅

　東武の歴史は、伊勢崎線の北千住〜久喜間が開業した1899年8月27日に始まる。東京側の起点として、1896年12月25日に日本鉄道土浦線(現・JR常磐線)の駅として開業した北千住駅の東側に設けられた。日光街道の最初の宿場町で、江戸四宿の一つとして栄えてきた千住は、日光街道・奥州街道と水戸街道の分岐点でもあった。北千住駅は、日本鉄道土浦線と東武の接続駅になったことで、江戸期の千住宿と同様に、日光街道(伊勢崎線)と水戸街道(JR常磐線)の分岐点となった。

　北千住駅はその後長い間2路線の接続駅であったが、1962年5月31日に営団(現・東京メトロ)日比谷線が開業して伊勢崎線と相互乗り入れを開始し、1969年12月20日に営団千代田線が開業すると、北千住駅は4路線が乗り入れる駅となった。都市部へのアクセスが向上したことで、伊勢崎線や常磐線沿線の宅地開発が進んで沿線人口も増大し、北千住駅はラッシュ時に乗り換え客で大混雑するようになる。特に伊勢崎線・日比谷線上りホームの混雑は甚大であった。

　1992年からは、伊勢崎線、日比谷線の駅改良工事が始まり、1996年7月23日に3階ホームが2面2線で暫定開業した。1997年3月25日には2面4線の1階ホームが

5番線は日比谷線から直通する下り列車のホームで、ホームドアが設置されている。6番線(左)とは壁で仕切られている。

1・2番線ホームの東武動物公園寄りにある特急券売機。この奥に中間改札口がある。

完成。1番線先端に特急専用ホームと中間改札口が設置され、有料特急・急行の全列車が停車するようになった。

4社5路線が乗り入れる巨大ターミナルに発展

　2005年8月24日につくばエクスプレスが開業し、この時点で北千住駅は4社5路線の接続駅になった。2003年3月19日には東京メトロ半蔵門線が乗り入れ。北千住駅を経由して日光線南栗橋駅まで相互乗り入れが始まった。この開業により、伊勢崎線の北千住〜浅草間は北千住駅折り返しの普通列車が多数設定され、小菅寄りに引上線が設置された。

　現在の北千住駅は、地下2階が千代田線・常磐緩行線ホームで、地下1階は千代田線・常磐緩行線の改札・コンコース階、1階は伊勢崎線2面4線のホームと常磐快速線ホーム、2階は東武鉄道、日比谷線、常磐線、つくばエクスプレス各路線の改札・コンコース階、3階が日比谷線ホーム2面3線とつくばエクスプレスのホームという、全5階構成の巨大ターミナルとなっている。

4番線の延長（浅草寄り）から見た北千住駅。地平の線路は1〜4番線で、高架部分が5〜7番線。

■北千住駅の配線図

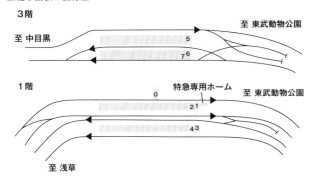

3階

至 中目黒　　　　　　　　　至 東武動物公園
5
7 6

1階　　　　　　　特急専用ホーム　至 東武動物公園
0
2 1
4 3

至 浅草

開業年
1899年8月27日
1日平均乗降人員（順位）
382,081人（2位）

用語解説

中間改札口
［ちゅうかんかいさつぐち］

改札口の中の改札口で、異なる会社間の乗り換え口、新幹線と在来線の乗り換え口、有料特急ホーム入り口などに設けられている。東武鉄道北千住駅では、1番線の特急専用ホームに中間改札口が設けられている。JR常磐線や東京メトロ各線との間には中間改札口は設けられていない。

埼玉東部のターミナル駅
東武スカイツリーライン/東武アーバンパークライン・春日部駅

東武スカイツリーラインと東武アーバンパークラインが接続する春日部駅。2017年から両線を直通する定期特急「アーバンパークライナー」の運転が始まり、重要性はさらに高まった。改札口直結のホームや側線など、駅構内は1970年代の駅を思わせるつくりだが、高架化の工事が進められている。

2路線が交差し、ほとんどの特急が停車する拠点駅

　春日部市が舞台の人気マンガ『クレヨンしんちゃん』への登場により、いまや世界規模の知名度を誇る駅である。「春日部」という地名は安閑天皇（在位531〜536年）の皇后・春日山田皇女に由来すると伝わる。かつては利根川本流だった大落古利根川沿いのこの地は古くから物産の集散地として栄え、江戸時代には日光街道の宿場町が設けられてにぎわいをみせた。

　交通の要衝としての春日部の重要性は現在も変わらない。東武スカイツリーライン（伊勢崎線）と東武アーバンパークライン（野田線）の接続駅であり、ほとんどの特急が停車する。駅の開業は1899年8月27日の伊勢崎線開通時で、当初は「粕壁」と表記していた。1929年11月17日に北総鉄道が粕壁〜大宮間で開業すると、粕壁駅は両線の接続駅になった。北総鉄道は総武鉄道と改称、1944年3月1日に東武鉄道に合併されて東武野田線になった。1949年9月1日に表記が「春日部」と変更された。ちなみに駅所在地は春日部市粕壁1丁目である。

　1966年9月1日に営団地下鉄（現・東京メトロ）日比谷線との相互乗り入れが、2003年3月19日に同・半蔵門線との相互乗り入れが始まり、春日部駅は都心と直結した。1999年3月16日からは特急「スペーシア」の停車駅となるなど、埼玉県東部の中核駅として発展し続けている。

三角屋根が特徴の春日部駅東口駅舎だったが、2023年2月4日から仮駅舎の供用が開始した。駅舎の左手前側では高架化工事が行われている。

開業年
1899年8月27日
1日平均乗降人員（順位）
61,279人（15位）

7・8番線名物の春日部ラーメン

　春日部駅の構造は、単式ホーム1面と島式ホーム2面の地上駅で、東口、西口双方に駅舎と改札口が設けられている。1番線は伊勢崎線の上り、3、4番線は伊勢崎線の下り、7、8番線は野田線で、2、5番線は側線、6番線は欠番となっている。6番線が欠番になっているのは、旧7番線を廃して野田線用ホームを拡幅した際に旧6番線を7番線としたためである。広がったホームには立ち食いの駅ラーメン店があり、春日部ラーメンを供している。

　東武の主要駅だけに列車本数が多く、長年にわたり「開かずの踏切」が問題になっていたが、2021年3月から春日部駅の高架化工事に着手。2023年2月には東口で仮駅舎の供用を開始した。完成後は東武スカイツリーライン、東武アーバンパークラインのホームがそれぞれ2面4線ずつ並ぶ大規模な高架駅になる予定である。

1番線ホームから東武動物公園方面を見る。70000型が東武スカイツリーラインを下る。左に向かうカーブは東武アーバンパークラインの大宮方面。

■春日部駅の配線図

至 北千住・柏　　　　　　　　　　　　　　　　　　　　　　　至 大宮

8
7
4
3
1

保線基地　　　　　　　　　　　　　　　　　　　　　　　至 東武動物公園

用語解説 **春日部ラーメン** [かすかべらーめん] | 春日部の隠れた名物!?と言われる春日部ラーメン。麺は細めの縮れ麺、スープはあっさりめの醤油だし。ベースとなるラーメンの具は、チャーシュー、ネギ、メンマ、ナルトにワカメで、駅ラーメンならではの人気のトッピングがコロッケと天ぷらだという(うどん・そばはない)。

》》 伊勢崎線と日光線の分岐駅
》》 伊勢崎線／日光線・東武動物公園駅

伊勢崎線の開業とともに設けられた駅で、日光線を敷設する際に分岐駅となった。かつては西口側に車両工場が併設されていたが、現在は東武ストア東武動物公園駅前店になっている。浅草・押上からこの駅までが「東武スカイツリーライン」で、多数の始発・終着列車が設定されている。駅名の通り、東武グループを代表するレジャー施設・東武動物公園の最寄り駅でもある。

東武動物公園の開園に伴って駅名を改称

　東武動物公園駅は、かつては杉戸駅といった。駅の所在地は1899年8月27日の開業当時は須賀村、現在は宮代町だが、大落古利根川を挟んで接する杉戸町の日光街道杉戸宿にちなんでいる。1929年4月1日に日光線が新鹿沼まで開通（同年10月1日に東武日光まで全通）すると、杉戸は接続駅になるとともに日光線の起点駅となった。2番線ホームの杉戸高野台寄りに、日光線の0kmポストがある。1981年3月16日には、東武動物公園の開園に先だって（開園日は3月28日）駅名を東武動物公園に改称した。同時に改築された橋上駅舎の供用が開始され、日比谷線直通列車の乗り入れ区間が当駅まで延長された。その後もダイヤ改正のたびに、本線系の拠点駅としての重要さを増していく。

　2003年3月19日ダイヤ改正では、半蔵門線・東急田園都市線への直通運転が開始された。2012年3月17日からは当駅と浅草・押上間に「東武スカイツリーライン」の愛称が冠され、2018年2月1日には副駅名「日本工業大学前」が導入された。

　駅構造は、2面4線のシンプルな地上駅だが、当駅で折り返す列車が多数設定されているため、久喜寄りに2線の引上線が設けられている。さらに駅の西側では、かつての杉戸機関区の跡地が留置線となっている。

2番線ホームから久喜寄りを見る。右側にカーブした日光線から、500系がやってきた。その隣が伊勢崎線上り、折り返し用の引上線が2線あり、一番左に伊勢崎線下りとなる。

西口広場には杉戸工場のモニュメントが

　伊勢崎線と日光線という幹線どうしの接続駅である当駅には、かつて駅の西側に隣接して杉戸工場があった。開設は1943年12月1日で、当初は主に機関車や貨車の修繕が行われており、杉戸機関区や杉戸検車区も併設されていた。貨物輸送の終焉とともに電気機関車がすべて館林機関区に転属となり、2004年3月31日に工場は閉鎖された。工場の跡地には東武動物公園へのメインゲートとなる西口広場が設けられ、広場には工場で使われていた転轍機（てんてつき）やレールがモニュメントとして置かれている。

　現在の駅名の由来となった東武動物公園は、遊園地や動物園も併設された関東地方最大級のハイブリッド・レジャーランドで、さまざまなイベント会場としても使われている。公園内の遊覧鉄道「太陽の恵み鉄道パークライン」の区間両端の駅のそばには、日本では珍しい2線式（複線式）の転車台が設置されている。

東武動物公園駅の西口ロータリーに置かれた転轍機のモニュメント。タイルには線路を模した柄が施されている。

開業年
1899年8月27日
1日平均乗降人員（順位）
27,558人（41位）

■東武動物公園駅の配線図

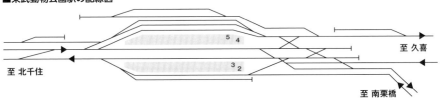

至 北千住　　至 久喜　　至 南栗橋　5 4　3 2

用語解説

杉戸宿
［すぎとじゅく］

日本橋から数えて、日光街道5番目の宿場町。1616年に開かれ、2016年に開宿400周年を迎えた。旧日光街道の宝性院（ほうしょういん）付近から町役場にかけて、宿場町の風情を今に伝える古民家や蔵が残っている。東武動物公園駅を起終点にした宿場めぐりの散策コースが設定されている。

》》「関東の駅百選」に選ばれた瀟洒な駅舎
》》伊勢崎線／佐野線／小泉線・館林駅

伊勢崎線・佐野線・小泉線が接続する館林駅は、群馬・栃木両県の各方面に路線を延ばす群馬県東部の拠点駅だ。駅に隣接して車両検修施設が設けられている。「関東の駅百選」に選定された駅舎は、瀟洒な風情の洋風木造。駅前の広場には「分福茶釜」にちなんだタヌキの像がある。

1937年に建てられた木造駅舎(左)。旧駅舎を活用しつつ、北側には東西自由通路を兼ねた橋上駅舎が建てられた(右)。

北関東一円に広がる路線網の拠点駅

　館林駅は1907年8月27日に伊勢崎線の駅として開業した。1914年8月2日に佐野線の館林〜佐野町(現・佐野市)間を、1917年3月12日に中原鉄道が館林〜小泉町間を開業。中原鉄道は上州鉄道に社名を変更後、1937年1月9日に東武鉄道に譲渡された。同年、現在も残る東口の木造駅舎が完成した。この駅舎は1998年に「関東の駅百選」に選定された。

　ホームは島式ホーム2面5線。4番線の小泉線用ホームは、3番線伊勢崎方面ホームを切り欠いて設けられている。改札口は長らく東口の駅舎内だけだったが、2009年12月4日に橋上駅舎と東西自由通路が竣工し、西口改札ができた。当駅を境として、伊勢崎線の浅草方面は複線、伊勢崎線伊勢崎方面と佐野線、小泉線は単線である。ホームの有効長が10両編成に対応しているのも、当駅以南(館林〜とうきょうスカイツリー間)となっている。

　駅北の南栗橋車両管区館林出張所(旧・館林検修区)には、特急「りょうもう」

用200型・250型の全編成と8500型、800型・850型が所属していたが、2023年3月に全車両が春日部支所に移動し、派出所（留置線）となった。駅の南の津覇車輌工業館林工場（旧・館林機関区跡）では東武車両の修繕、改造、更新が行われている。

多彩な顔を持つ館林の街

館林は、1532年の築城以来、400年近くにわたって城下町として栄えた。江戸時代には5代将軍綱吉が将軍就任前に城主に就くなど、江戸の北の守りの要所となり、徳川家の親藩や譜代大名が藩主の座を担ってきた。館林城趾には曲輪や土塁の一部が残っており、石垣や土橋門が復元されて往時をしのばせる。市内にはつつじが岡公園、茂林寺など、由緒ある寺社や名所が多数あり、田山花袋記念文学館、館林美術館、向井千秋記念子ども科学館、製粉ミュージアムなど、文化施設や体験施設も充実している。

駅の西側には正田醤油と日清製粉の工場があり、かつては鉄道で貨物輸送が行われていたのが立地からも見て取れる。

> 開業年
> **1907年8月27日**
> 1日平均乗降人員（順位）
> **9,189人（98位）**

5番線から見た西側の構内。日清フーズ館林工場との間には6線の留置線が広がる。

■館林駅の配線図

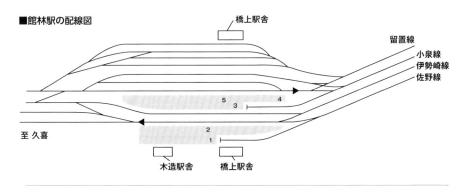

橋上駅舎

留置線
小泉線
伊勢崎線
佐野線

5　3　4

2
1

至 久喜

木造駅舎　橋上駅舎

用語解説

茂林寺
[もりんじ]

館林市内の寺院で、最寄りは伊勢崎線茂林寺前駅。室町時代の1426年に開山した曹洞宗の古刹で、お伽噺「分福茶釜」ゆかりの寺として名高い。境内では21体のタヌキ像が参拝客を出迎える。寺所蔵の分福茶釜は、宝物拝観料300円（大人）で拝観できる。北側には茂林寺沼湿原が広がる。

》》》世界文化遺産へのアクセス駅
》》》日光線・東武日光駅

東武日光駅は、ユネスコ世界文化遺産である「日光の社寺」を擁する国際的な観光地、日光のメインゲート。浅草や新宿発の特急に乗ってやって来た国際色豊かな観光客が、この駅を起点に日光市内各所へと向かう。湯葉やマスなど地元の食材も豊富で、駅では日本一高価な駅弁も販売されている。

「関東の駅百選」に選定された山小屋風駅舎

　明治時代から国際的な観光地として知られてきた日光。1890年8月1日には日本鉄道（1906年国有化）が東北本線の支線（現・JR日光線）を建設し、日光駅が開業している。それから39年後の1929年10月1日、東武鉄道日光線が全通して東武日光駅が開業した。駅名は乗客へのアンケートで5案から決定された。

　以降、半世紀にもわたって東武鉄道対国有鉄道の熾烈な旅客獲得合戦が繰り広げられてきたが、宇都宮駅でのスイッチバックなどのハンデを抱えた国有鉄道に対して、次々に豪華な特急電車を投入してきた東武鉄道が勝利を収めた形となった。現在は「スペーシア日光」が栗橋駅構内でJR線に乗り入れ、JR新宿駅と東武日光駅とを結んでいる。

　東武日光駅の標高は538mで、東武全駅の中で最高所にある。現在の駅舎は日光線の開通50周年を記念して1979年10月1日に改修され、大きな三角屋根が印象的な山小屋風の建物は「関東の駅百選」に選定されている。3面5線の頭端式地上駅で、ホームはJR日光駅の先端をオーバークロスした形で設けられている。限られた敷地内で番線とホームの有効長を確保するため、1・2番線と4〜6番線（3番線は欠番）はYの字形に分かれており、特急列車は全て4〜6番線に発着する。乗車券売り場や改札口は2階にあり、ホームとは階段やスロープで結ばれている。

JR新宿駅からも特急が直通するようになり、名実ともに日光の玄関口となった東武日光駅。

　駅構内は観光地の終着駅らしい雰囲気で、駅弁売り場や英語対応の観光案内カウンターが設けられており、英語を話せるスタッフが常駐している。東武日光駅で販売されている駅弁のうち、日光彫の器に入った「日光埋蔵金弁当」の最も高額なバージョンは日本一高い駅弁として知られる。

二社一寺、豊かな自然と温泉群

　東武日光駅は、世界文化遺産「日光の社寺」、華厳滝、中禅寺湖、戦場ヶ原、光徳牧場、霧降高原、奥日光湯元温泉など、名だたる観光地へのゲートウェイとなっている。駅は市街地の東端近くにあり、東照宮などの社寺とは2kmほど離れている。かつては東武日光駅前から東武日光軌道線が運転されていて、神橋（しんきょう）から東照宮参道入口を経て、いろは坂の麓の馬返（うまがえし）へと向かっていた（64ページ）。馬返からは東武鉄道のケーブルカーで明智平に向かい、明智平ロープウェイに乗り継いで展望台へ向かうことができたが、軌道線は1968年2月24日に、ケーブルカーは1970年4月1日に廃止された。

　現在、東武日光駅は各方面の路線バスの結節点で、東武バス日光など各社のバスが多数発着する。世界遺産めぐりの循環バスもある。

1・2番線（左）は主に区間急行や普通が、4～6番線（右）は主に特急が使用する。

1・2番線と4～6番線ホームの駅舎寄りは間隔が広く、中庭が整備されている。

開業年
1929年10月1日
1日平均乗降人員（順位）
2,400人（134位）

■東武日光駅の配線図

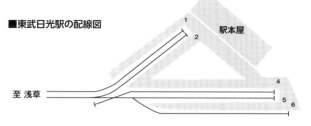

駅本屋

至 浅草

1
2
4
5
6

用語解説　日光の社寺　[にっこうのしゃじ]

1999年12月2日、「日光の社寺」としてユネスコ世界文化遺産に登録された。対象は、日光東照宮、日光二荒山神社、日光山輪王寺の二社一寺で、国宝9棟、重要文化財94棟、計103棟の「建造物群」と、建造物群を取り巻く「遺跡（文化的景観）」が登録されている。

TOBU **32**

》》 栃木県民の日常生活を支える駅
》》 宇都宮線・東武宇都宮駅

東武宇都宮駅は、1931年に栃木県の県都・宇都宮市の中心部にある官公庁街や繁華街に隣接して開業した。東京を志向するJR宇都宮駅とは対照的に、県民の通勤、通学、日常の足という役割を担う宇都宮線のターミナルとして利用されている。駅には東武宇都宮百貨店が併設されている。

宇都宮市内の中心で発展を続ける

　1931年8月11日、宇都宮線が全通し、東武宇都宮駅が開業した。既に1885年7月16日に日本鉄道が東北本線の宇都宮駅を開業していたが、東武宇都宮駅は宇都宮駅より西に1.5km離れた、宇都宮市中心近くの宇都宮監獄の跡地に設けられた。東武宇都宮駅の西側では、1897年4月に大谷石の輸送を目的として建設された宇都宮軌道運輸の材木町駅が開業していた。宇都宮軌道運輸は後に東武鉄道に合併されて、大谷軽便線、大谷軌道線となり、1931年8月11日には宇都宮線の西川田駅まで路線を延ばして貨物輸送を行っていた。

　東武宇都宮駅の駅舎は1945年7月12日の宇都宮空襲で全焼したが、1959年11月10日に駅ビルの宇都宮東武ビルが完成、同月28日には東武宇都宮駅大改良工事が完成して、東武宇都宮百貨店が開店した。1972年11月2日には宇都宮東武ビルの新館が完成し、翌73年3月1日に東武宇都宮百貨店全館が完成。レジャーランドとホテルもオープンした。その後、1995年9月28日に宇都宮東武ビル西館が完成し、1995年10月1日に東武宇都宮百貨店が新装グランドオープンを迎えた。このように、東武宇都宮駅と東武宇都宮百貨店は宇都宮市の中心部で着実な歩みを続けている。

東武宇都宮百貨店と一体になった東武宇都宮駅。宇都宮線は築堤を走り、駅ビルの2階に入る。

終着駅らしく頭端式で、島式ホームの両側が2・3番線
となる。2番線の右にある側線が1番線。

頭端式ホームの先に改札口があり(右)、その向かいには
宇都宮東武百貨店の入り口(左)がある。

県民の暮らしを支える駅

　現在の東武宇都宮駅は、東武宇都宮百貨店の2階に1面2線のホーム(2・3番線)
と1本の側線(旧1番線)を有する高架駅である。近隣には、栃木県庁や宇都宮市
役所、宇都宮中央郵便局などの官公庁や、「うつのみや」の語源とも伝わる下野
国一宮二荒山神社、宇都宮城趾などの古社史跡、商店街・繁華街が集まっている。
駅から東に延びるオリオン通り商店街は全天候型アーケードの県下最大の繁華街
で、カフェやバー、宇都宮名物の餃子店など、さまざまなショップが連なる。

　東武宇都宮駅とJR宇都宮駅を比較すると、都心方面に直行する旅客はJR駅か
ら東北新幹線や東北本線を利用し、県民が通勤通学や買い物などで県都に向かう
場合には東武宇都宮駅を利用するという構図が見えてくる。

　宇都宮市では、JR宇都宮駅の東口と市街地東部の清原工業団地や芳賀町工業
団地とを結ぶ日本初の本格的LRT「宇都宮ライトレール」を建設し、2023年8
月26日に開業した。将来的にはJR宇都宮駅西口に抜けて東武宇都宮駅付近を経
て、市街西部の桜2丁目付近まで延伸する計画もあるという。宇都宮ライトレー
ルが開通すれば、東武宇都宮駅の利便性や重要性は
さらに増すことであろう。

> 開業年
> **1931年8月11日**
> 1日平均乗降人員(順位)
> **8,261人(101位)**

用語解説 　**大谷石**
[おおやいし]

宇都宮市西部の大谷町一帯で採掘される軽石凝灰岩。耐火
性に優れ、加工しやすいこともあり、古くから建材に用い
られてきた。採石場跡の地下空洞は、酒類や発酵食品の貯
蔵や熟成に用いられている。「大谷資料館」は、異色の観
光スポットとして人気で、コンサートなども催される。

》》》「SL 大樹」の運転でリニューアルされた駅 鬼怒川線・鬼怒川温泉駅

鬼怒川温泉の最寄り駅。「東京の奥座敷」とも称される鬼怒川温泉は、渓谷美、泉質、アクセスの良さなどが相まって人気が高い。浅草からは「スペーシア X」「きぬ」、新宿からは「きぬがわ」などの直通特急がアクセス。「SL 大樹」では当駅が折り返し駅となり、これに合わせて駅舎もリニューアルされた。

2017年にリニューアルされた鬼怒川温泉駅。温泉街への玄関口としての魅力が高まった。

特急と「AIZU マウントエクスプレス」の連絡駅

　鬼怒川線の鬼怒川温泉駅は、1919年3月17日の開業時には、会社名、駅名、軌間、駅の位置など、すべてが現在と異なっていた。鬼怒川線のルーツは、**鬼怒川温泉**に建設された下滝発電所への資材運搬のために開通した、軌間762mmの下野（しもつけ）軌道で、鬼怒川温泉駅は同社の下滝駅として開業した。1921年6月6日に下野電気鉄道に改称され、下滝駅は翌22年3月19日に大滝駅に改称、1927年2月19日に再度改称されて、温泉名の変更に合わせて鬼怒川温泉駅になった。

　この頃から東武は下野電気鉄道に出資と経営参画をし、1930年5月9日に1067mmへ改軌。浅草から当駅まで直通列車が運転された。1943年5月1日に交通統合により東武に買収されて鬼怒川線となった。戦後の1964年10月8日には、鬼怒川温泉駅は約1.2km移設されて現在の位置に設けられた。

　鬼怒川温泉駅は、大型温泉地の最寄り駅として東京方面からの観光客に多く利

構内では「鬼」の文字をデザインした大きな提灯が迎えてくれる。

ホームはシンプルな2面4線。会津鉄道に直通する列車への接続も考慮されている。

用されてきたが、1986年10月9日に野岩鉄道会津鬼怒川線が開業すると、浅草方面からの特急と会津方面からの「AIZUマウントエクスプレス」双方の起終点駅となり、首都圏と会津地方を結ぶ新たなルートの結節点となった。

「SL大樹」運転と転車台設置で、駅が観光地に

鬼怒川温泉駅は島式ホーム2面4線の地上駅である。1・2番線は下今市、浅草方面の折り返しに用いられ、1番線は頭端式ホーム、2番線は新藤原方面に抜けられるようになっている。浅草方面からの特急は基本的に2番線か3番線、「AIZUマウントエクスプレス」は主に3・4番線を使用している。

2017年8月10日から「SL大樹」が下今市〜鬼怒川温泉間で運転を開始し、SLの方向転換を行う転車台がJR西日本の三次駅から駅舎正面の転車台広場に移設され、合わせて駅舎もリニューアルされた。「SL大樹」折り返しの際には乗客や温泉の観光客など大勢が転車台広場に集まり、大変なにぎわいを見せる。

開業年
1919年3月17日
1日平均乗降人員（順位）
2,014人（141位）

駅前に設置された転車台は、三次駅から移設されたもの。新たな観光スポットとなった。

用語解説 鬼怒川温泉 [きぬがわおんせん]

泉質は単純泉。源泉は32あり、湯量は毎分3573ℓ。効能は、神経痛や筋肉痛、火傷、皮膚病など。温泉の発見は1692年で、江戸時代には「下滝温泉」と呼ばれていたが、渓谷美を誇る鬼怒川にちなんで、1927年に鬼怒川温泉と改称された。「東京の奥座敷」とも呼ばれる。

常磐線と接続するスイッチバック駅
東武アーバンパークライン・柏駅

人口43万人を擁する千葉県北東部の中核都市、柏市。その中心が柏駅だ。駅の開業は常磐線柏駅のほうが早いが、1日あたりの乗降客数（2022年度）は東武柏駅が13.5万人で、常磐線柏駅の10.9万人を上回る。駅の設備はステーションモールの中にあり、駅ビルの1階でスイッチバックを行う。

野田線と船橋線をスイッチバックで統合

　東武アーバンパークラインの柏駅は、同一の路線なのに、大宮方面も船橋方面も電車は駅の南西から入線し、同じ方向に出発するスイッチバック構造である。このような構造となったのには歴史的な経緯がある。

　1896年12月25日、日本鉄道土浦線（現・JR常磐線）が柏に最初の駅を開設。1911年5月9日に、千葉県営軽便鉄道野田線の柏駅が常磐線柏駅の西側で開業。同社は1923年8月1日に北総鉄道に譲渡され、同年12月27日に北総鉄道船橋線の柏駅が常磐線柏駅の東側に開業した（北総鉄道は1929年に総武鉄道に改称）。しかし、同じ会社の駅が東西に分かれているのは不便なため、1930年8月30日、船橋線は常磐線を越えて駅西側へ渡り、野田線柏駅に乗り入れる構造に変更された。

　1944年3月1日に東武鉄道と総武鉄道が合併。野田線と船橋線が統合されて、現在の野田線が誕生した。1956年12月27日に西口が設けられ、1971年4月1日には橋上駅舎（現・中央口）が完成して、駅の東西を自由に行き来できるようになった。

南口側の跨線橋から見た柏駅。左2線が大宮方面、右2線が船橋方面のホーム。その右に広がるのはJR常磐線。

開業年
1911年5月9日
1日平均乗降人員（順位）
135,064人（5位）

2・3番線の頭端部から見た柏駅構内。右が大宮方面の1・2番線ホーム、左が船橋方面の3・4番線ホーム。

改札口は全て2階に設けられている。南口はペデストリアンデッキに面するが、中央口は駅ビルの2階にある。

柏高島屋ステーションモールと一体化した駅舎

　高度経済成長期の前後から野田線、常磐線沿線の宅地開発が進み、柏市は千葉県北西部の中核都市として発展を続けてきた。平成に入ると駅周辺で大規模商業施設の開業が相次ぎ、2015年の常磐線「上野東京ライン」の開業が柏の発展にさらに拍車をかけた。活況を呈する柏の中核の一つとなっているのが野田線柏駅の駅ビル「柏高島屋ステーションモール」である。柏の駅ビルは、1979年にオープンした「柏ローズタウン」から始まり、1992年に大幅に改修されて現名称となった。

駅の西側に広がる柏高島屋ステーションモール。ロータリーには東武バスセントラルの路線バスが乗り入れる。

　柏駅の構造は頭端式2面4線。1～2番線は上り線の野田市・春日部・大宮方面行きホーム。3～4番線は下り線用で、船橋方面の乗り場になっている。改札口（中央口、南口）などの駅施設は2階に設けられていて、1階のホームとはエレベーターやエスカレーターで結ばれている。

■柏駅の配線図

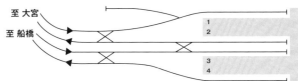

至 大宮
至 船橋

1
2

3
4

用語解説　スイッチバック［すいっちばっく］

一般的には、険しい勾配を登るためにジグザグに敷かれた折り返し式の鉄道線路のことをいう。市街地に駅を設けるための都市型スイッチバックもあり、頭端式で異なる方向に転線する駅もスイッチバックの一種だ。柏駅の例のように、別々に建設された路線を統合する際に用いられることもある。

世界屈指の巨大ターミナル
東上線・池袋駅

東武鉄道、JR、西武鉄道、東京メトロの4社8路線が集まる池袋駅は、世界屈指の巨大ターミナルだ。朝のラッシュ時の東武池袋駅では、3面3線のホームをフル活用。2〜3分おきに電車が発着する。有楽町線や副都心線との相互乗り入れによって、混雑は以前より緩和されている。

メガロポリスのメガターミナル

　池袋駅に集まる4社8路線の1日あたりの乗降客数は206万人で、この数字は新宿駅、渋谷駅に次いで世界第3位だ。乗降客数は、東武池袋駅だけでも東武全駅中最多の38.8万人を数える。東京副都心の紛うことなき巨大ターミナルだが、この地に初めて駅が設けられた頃、周囲は雑木林や畑という人煙稀な地だった。

　最初に設けられた駅は日本鉄道（1906年に国有化）山手線の池袋駅で、開業は1903年4月1日である。1914年5月1日に東上鉄道（現・東武東上線）池袋駅が山手線の西側に開業、翌15年4月15日に武蔵野鉄道（現・西武池袋線）の池袋駅が山手線の東側に開業して、この頃から池袋は都市としての発展を始めた。

　駅一帯は太平洋戦争で大きな被害を被ったが、戦後復興は着々と進み、1954年1月20日に営団地下鉄（現・東京メトロ）丸ノ内線が開業して、池袋に初の地下鉄駅ができた。1962年5月29日には、東武池袋駅の上に池袋東武百貨店が開店、1992年6月にはメトロポリタンプラザが開業した。

　2006年3月18日のダイヤ改正で「スペーシア日光・きぬがわ」の運転が始ま

池袋駅の西口側にある東武の池袋駅。東武百貨店が併設されている。

「TJライナー」の発車ホームとなる5番線は、床や柱に誘導の表示がなされている。

ると、東上線ホーム隣のJR池袋駅に100系「スペーシア」が姿を見せるようになった。2008年6月14日からは座席定員制の「TJライナー」が運転を開始した。ホームドアはまず1番線に2018年4月21日から導入され、2019年度までに4番線まで整備。「TJライナー」発車専用の5番線には固定柵が設けられている。

1980年以降、イメージを刷新

現在の池袋駅は頭端式3面3線の地上駅で、1〜2番線が快速急行、快速、急行、準急の乗り場、4番線が普通列車乗り場、5番線は「TJライナー」発車ホームとなっている。改札口は、1階のホーム頭端部に南口、地下1階に北口、中央北口、中央南口の計4カ所が設けられている。乗り換え路線は、JR山手線、埼京線、湘南新宿ライン、西武池袋線、東京メトロ丸ノ内線、有楽町線、副都心線と7路線もあるので、朝夕のラッシュ時にはどの改札口も混雑する。ただ、1987年8月25日からは営団地下鉄有楽町線が、2008年6月14日からは東京メトロ副都心線が、各々東上線と相互乗り入れを開始し、池袋以南に直通する旅客が分散して混雑はある程度緩和された。

東上線が乗り入れている池袋駅西口は、池袋PARCOやサンシャインシティがある東口に比べて開発が遅れていたが、1980年代にホテルメトロポリタンや東京芸術劇場といった商業施設や文化施設が開業して、イメージが刷新された。東武の池袋駅では、東京芸術劇場にちなんで駅メロディにクラシック音楽を用いている。

1番線には他番線に先駆けてホームドアが設置された。

■池袋駅の配線図

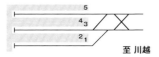

至 川越

開業年
1914年5月1日
1日平均乗降人員（順位）
388,238人（1位）

頭端式
[とうたんしき]

同じ平面にある2本以上のホームの一端がつながっている形のホーム。上から見ると「ヨ」の字のような形で、櫛形ホームとも呼ばれる。日本の私鉄やヨーロッパのターミナル駅でよく見られる形で、東武では池袋駅のほか、浅草駅、東武日光駅、柏駅などが頭端式ホームになっている。

埼玉西部の中心・川越市を代表する駅 東上線・川越駅

川越駅は「小江戸」として人気が高い川越市の中心駅。通勤・通学客と買い物客を中心に利用され、市内各駅の中で最多の乗降客数を誇る。ただし開業は遅く、国鉄の八高線が乗り入れたことで川越駅周辺は新たな市街地として急速に発展をした。「TJライナー」の停車駅にもなっている。

歴史を経て川越市内の中心駅へと発展

　埼玉県西部を代表する都市・川越には、東武東上線、JR川越線・八高線、西武新宿線の3路線が集結している。川越に最も早期に路線と駅を設けたのは、甲武鉄道（現・JR中央線）の国分寺駅を起点とする川越鉄道（現・西武新宿線）で、1895年3月21日に初代川越駅が開業した。1906年4月16日には軌道線の川越電気鉄道（のちの旧・西武鉄道大宮線）が川越久保町（喜多院北側付近）〜大宮間で開業した。

　東上鉄道（現・東武東上線）が開通したのは1914年5月1日で、このときには現在の川越駅は設けられず、川越町内には川越町（現・川越市）駅が開業した。現・川越駅が開業したのは東上鉄道開通1年後の1915年4月1日で、当時は川越西町駅と称していた。1920年7月27日に東上鉄道が東武鉄道に合併。1922年12月1日に川越市は市制を施行し、川越町駅は川越市駅に改称された。

　1940年7月22日、国有鉄道の川越線が開通し、川越西町駅に接続する形で川越駅が開業する。これに伴い、東上線の川越西町は川越駅に、西武鉄道の初代川越駅は本川越駅に改称。ほぼ川越線と並行していた旧・西武大宮線は廃止された。

川越駅には、東武の駅ナカ施設ブランド「EQUiA」の第1号店が入店している。

ホームは2面2線のシンプルな対向式で、ホームドアを設置。壁面の一部には、蔵の街をイメージした装飾が施されている。

コンコースの改札前では、方向案内を兼ねた「駅の鐘」が観光客を出迎えてくれる。

川越駅よりも先に開業した川越市駅。小さな駅舎だが、三角形の屋根が瀟洒（しょうしゃ）な趣を醸している。

川越市内で最も乗降客数が多い駅

　現在の東上線川越駅は相対式ホーム2面2線の地上駅で、1999年3月に橋上駅舎が完成している。2007年9月20日には駅ナカ施設「EQUiA（エキア）川越」がオープンした。東上鉄道が開通した当時は、旧称の川越西町駅周辺は町外れにあり、そのため駅の開業も遅れたのだが、のちに市街地が南側に広がり、川越駅から本川越駅周辺エリアは繁華なショッピング街に変貌した。

　現在、東上線の川越駅は川越市内に位置する駅の中で最も乗降客が多い駅となっている。1日あたりの駅利用者数は、JR川越駅や川越市駅の3倍前後、本川越駅の2倍以上にものぼり、通勤・通学客のほか、東上線沿線からの買い物客も多いという。JR川越線は川越駅で運行系統が分かれていて、高麗川方面からの乗客は大宮・新宿方面に直行できない。どうせ川越で乗り換えるのなら、池袋への所要時間が短いうえに運賃も安く、副都心線や東横線、有楽町線などに乗り入れる東上線に、という乗客側の選択もあるだろう。

　ところで、「時の鐘」や蔵造りの町並みで知られる人気の「小江戸」地区は川越駅の北側1kmほどのところにあり、歩くには少し遠い。「小江戸」観光には、江戸期の市街近くに設けられた川越市駅を利用するのが便利だ。

> 開業年
> **1915年4月1日**
> 1日平均乗降人員（順位）
> **110,102人（8位）**

用語解説	川越市駅 [かわごえしえき]	1914年、東上鉄道開通時に設けられた東上線最古の駅の一つ。当初は川越町駅といった。東上線運行上の拠点駅で、当駅発着の列車が多く設定されている。かつては電車区が設けられており、電車区移転後は跡地に川越工場が設けられていたが、2020年に閉鎖された。

≫≫ 3社が乗り入れる東上線の発着駅
≫≫ 東上線・寄居駅

寄居駅は東上線の起終点駅で、秩父鉄道、JR八高線との共同使用駅である。
上りが熊谷・羽生方面へ向かう秩父鉄道や、越生・高麗川方面へ向かう八
高線に対して、東上線だけが都心方面に直結している。1992年までは、寄
居から秩父鉄道に直通する特急が運転されていた。

東上線、秩父鉄道、JR八高線の接続駅

　寄居は、荒川が秩父盆地から関東平野に流れ出す地に設けられたいわゆる谷口
集落で、山地と平地の交易拠点として発展した。中世以降は鉢形城の城下町とし
て、また、秩父往還の宿場町としてもにぎわいを見せた。

　初めて寄居に駅を設けたのは上武鉄道（現・秩父鉄道）で、熊谷～寄居間が開業
した1901年10月7日のことだった。秩父鉄道は荒川に沿って秩父盆地の奥を目
指し、1930年3月15日には羽生～三峰口間が全通した。北に向かって鉄路を延
ばした東上線が寄居駅に到達したのは1925年7月10日で、1933年1月25日に
は鉄道省八高北線（当時）の寄居～児玉間が開通。寄居駅に3社の路線が集結した。
翌34年10月6日には寄居～小川町間が開通し、八高線が全通した。

　寄居駅は3面6線の地上駅で、北から南に向かって、JR八高線、秩父鉄道、東
上線がそれぞれ1面2線ずつホームを使用している。駅は秩父鉄道の管轄駅で、
東武は出改札業務を秩父鉄道に委託している。駅舎は北口と南口とを結ぶ橋上に
あって、改札口の脇には3社の
券売機が並んでいる。改札内で
各社相互の乗り換えが可能だ

橋上駅舎の寄居駅。3社の路線が乗り入れるため、広大な構内をま
たぐ跨線橋は長大だ。

改札口の脇に並ぶ3社の自動券売機。左から
秩父鉄道、東武、JR東日本。

が、PASMOやSuicaなどで東上線に乗車する場合は、改札口と東上線の連絡通路にある簡易改札機に計2回タッチしなければならない。

秩父鉄道経由で東上線と伊勢崎線が「連絡」？

　寄居駅を発着する東上線の電車は全て普通列車で、寄居と小川町ないし森林公園との間で折り返し運転を行っている。日中は1時間に2本ほどというダイヤで、広々とした構内に4両編成の電車が滞留している。

　かつては東上線にも特急電車が運転されていた時代があった。イギリスの「フライング・スコッツマン」にあやかった特急「フライング東上」や、「ちちぶ」「ながとろ」「みつみね」といった愛称のヘッドマークを掲げた行楽特急や行楽急行

が池袋〜寄居間を、さらには秩父鉄道に乗り入れて長瀞や三峰口まで駆けていたのだ。東上線の電車が秩父鉄道に片乗り入れを行っていたのは、1949年4月3日から1992年3月31日までである。現在、寄居駅から秩父方面に向かうバス路線は設定されていないので、長瀞や秩父市に向かう際には秩父鉄道に乗り継ぐ必要がある。

　なお、旅客列車の秩父方面への乗り入れは行われていないが、秩父鉄道路線の寄居〜羽生間を経由して、東上線と東武本線系統の車両の回送が行われている。

連絡通路を兼ねる跨線橋から、寄居駅に入線する東上線を見る。東上線は単線だが、駅の手前で分岐する。

東上線ホームの秩父寄りから見た構内。ホームは1面2線。左に見えるのは秩父鉄道。そのさらに左に八高線ホームがある。

開業年
1925年7月10日
1日平均乗降人員（順位）
3,323人（125位）

用語解説

秩父鉄道
［ちちぶてつどう］

羽生〜三峰口間を結ぶ私鉄で、C58形蒸気機関車が牽引する「パレオエクスプレス」や、武甲山が産出する石灰石の貨物輸送で知られる。寄居駅以外では、羽生で東武伊勢崎線と、熊谷でJR高崎線・上越新幹線と、御花畑で西武秩父線と接続。西武鉄道からは直通列車も運行されている。

東武鉄道の歴史的建造物

登録有形文化財などの貴重な遺構たち

鬼怒川線には、前身の下野電気鉄道時代に建設された建造物が残っていて、7件が2017年10月に国の登録有形文化財（建造物）に登録された。

下今市駅旧跨線橋　1929年、日光線が下今市まで延伸した際に建設された。下路式プラットトラス造で、昭和初期の景観を今に伝える。

大谷向駅上下線プラットホーム　1931年、下野電気鉄道時代に建設。地元の石材を活かした玉石積盛土式プラットホーム（上下で2件として登録）。

大桑駅プラットホーム　1929年に建設された玉石積盛土式ホーム。

砥川橋梁（とがわ）　1897年に日本鉄道磐城線の阿武隈川橋梁として架設。1946年に移設された明治期のトラス橋。

新高徳駅プラットホームおよび上家　1929年に下今市〜新高徳間の改良工事をした際に建設されたプラットホームは、地元の石材を使用した玉石積盛土式。上家は古レールを用いた鉄骨造で、軒先に円形装飾がある。

小佐越駅プラットホーム　延長98mの玉石積盛土式プラットホームで、地元の石材を活用した外観が特徴。

このほかに既登録では、日光線下小代駅の旧東武鉄道下小代駅駅舎が登録有形文化財に登録されている。

また、歴史の長い東武鉄道では、文化財等の指定はないが、昭和初期の建造物や大谷石を使ったプラットホームの土台などの貴重な遺構が多くの駅で見られる。

1929年に建設された下今市駅の跨線橋。現役の通路だが、レトロギャラリーとしても活用されている。

文化財等の指定はないが、1927年に館林まで電化された際に建てられた変電所が、館林駅の脇に残っている。

CHAPTER 4 第4章

東武鉄道の
車両がわかる

東武鉄道の車両は、有料特急から通勤車まで幅広く、現役車両だけでもたくさんの形式数がある。さらに引退した車両を含めると相当な数になる。本稿では、現役車両は全て取り上げ、引退した車両についても東武鉄道史に欠かせない形式をピックアップ。さらに貨物列車を牽引した蒸気機関車と電気機関車についても紹介する。

33年ぶりのフラッグシップ特急車 N100系 スペーシア X

東武沿線きっての観光地が、世界文化遺産の日光と鬼怒川温泉である。日光線の開業以来、数多くの特急車が投入され、浅草と両観光地を速く、快適に結んできた。2023年7月15日、100系「スペーシア」から約33年ぶりとなる新しい特急形電車、N100系「スペーシア X」が投入された。より豪華になった新型特急で、より快適な旅が楽しめる。

「胡粉」に着想を得た白色の車体色は、光の具合によって色味が変わる独特なもの。先頭部は東武の特急車で初めて、前面展望構造になっている。

伝統工芸品がモチーフの側窓

N100系の外観は、100系の流線形やラグジュアリーな面影は残しつつ、現代的なフォルムとしてデザインされた。車体はアルミダブルスキン構体で、先頭車の窓枠には鹿沼組子や江戸の竹編み細工といった沿線の伝統工芸品を連想させる形状を採り入れた。車体色は日光東照宮陽明門に塗られた「胡粉」に着想した白色で、日の当たり方によって色味が変わってくる。

両先頭車は制御付随車、中間車4両は電動車の4M2T。制御方式はVVVFインバータで、主回路にはIGBTとSiCダイオードを組み合わせたハイブリッドSiCを採用した。台車はボルスタレスモノリンク軸箱支持装置方式で、1・2・6号車には振動を減衰させるフルアクティブ空圧式動揺防止制御装置を搭載する。車体側面の案内表示器にはLCDを搭載したガラスサイネージが採用された。

快適な6種類の客席を設定

　N100系には全6種類の客席が用意される。6号車（浅草寄り先頭車）には運転室直後に最大7人の最上級個室「コックピットスイート」を設定。6号車にはさらに100系に引き続き4人用「コンパートメント」も4室設けられた。

　反対側の1号車は「コックピットラウンジ」で、ホテルのラウンジのような開放的な空間。車端部にはカフェカウンター「GOEN CAFÉ SPACIA X」が設けられ、「スペーシア X」限定のクラフトビールやクラフト珈琲などが提供される。

　中間車は、大型電動リクライニングシートを1＋2列で35席設けた「プレミアムシート」を2号車に連結。各席の背もたれにはバックシェルが設けられ、シートピッチは1200mmと広い。

　3〜5号車はシートピッチ1100mmの回転リクライニングシートが2＋2列で並ぶ「スタンダードシート」。5号車には2人用半個室の「ボックスシート」を2区画設けるほか、バリアフリー対応車として新移動等円滑化基準に準拠した車いすスペースや大型バリアフリートイレ、多目的室などを備える。

6号車に設けられたコックピットスイート。"走るスイートルーム"がコンセプトの最上級個室で、最大7人まで利用できる。

ガラス越しに運転室が見える1号車のコックピットラウンジ。ホテルのラウンジをイメージしたローテーブルとソファーが並ぶ。

2号車のプレミアムシートは、1＋2列配置のゆったりとした客席。バッグシェルのある座席は、電動リクライニング機構を採用。

| 用語解説 | LCD [えるしーでぃー] | 液晶モニター（LCDディスプレイ）のこと。高精細な映像を映すことができ、細かな文字などを鮮明に映すことができる。液晶を偏光フィルターや、ガラス基盤、カラーフィルターなどで挟んだような構造で、液晶自体は発光しないため、LEDなどのバックライトが必要。 |

分割・併結で柔軟に運用できる特急車 500系 リバティ

500系は、2017年に登場した3両編成の特急車両。愛称の「リバティ（Revaty）」は、分割併結機能を活かした多線区での運行を意味する「Variety」と、東武線内を縦横無尽に運行する自由度の高さを意味する「Liberty」を合わせた造語である。

3両編成という短い編成で登場した500系「リバティ」。フレキシブルな運用が可能で、特急の運行エリアを拡大した。

運転範囲を広げて活躍中

　500系の車体色は、シャンパンベージュを基調に、運転台周囲と側窓周囲は黒、側窓の上下にフォレストグリーンとフューチャーブルーを塗り分け。2号車にはこの2色の帯を斜めに配し、車体側面に「Revaty」のロゴが入る。

　分割併結が可能な利点を生かして浅草と東武日光を結ぶ「リバティけごん」、鬼怒川温泉を結ぶ「リバティきぬ」、野岩鉄道経由で会津鉄道の会津田島まで乗り入れる「リバティ会津」で運転されている。また、浅草と館林を結ぶ「リバティりょうもう」、浅草と春日部を結ぶ「スカイツリーライナー」のほか、浅草発大宮・柏行きや大宮発柏・運河行きの「アーバンパークライナー」も500系の導入を機に新設されており、コンセプト通りの活躍をしている。

　さらに2018年夏から臨時夜行列車の「尾瀬夜行」、冬からは「スノーパル」でも使用を開始。これまで特急車両による定期運転のなかった路線にまで運転範囲を広げている。2020年度の増備車では、荷物置き場が新設された。

白色を基調とした落ち着いた車内。天井の形状がユニークだ。

前面の貫通扉を開いた姿。分割併結作業は、幌の着脱と桟板の上げ下げを除いて自動化されている。

最新の技術を盛り込んだ車両

　車両は2M1Tで、両先頭車がM車でパンタグラフを連結面寄りに各1基搭載する。車体はリサイクルと軽量化を考慮したアルミダブルスキン構造で、貫通型で流線形の前面には、貫通路上部と左右にLEDの前照灯を設置。貫通扉は東武日光・鬼怒川温泉側の車両に幌を持ち、浅草側の車両が幌を受ける。幌の着脱と桟板の上げ下げを除いて分割併結作業は自動化されている。

　車内は白色を基調とし、天井はLEDの間接照明を採用。座席は青に近い江戸紫色で、リクライニングの角度に合わせて座面の背ずり側が沈むチルト機能付きの偏心回転フリーストップリクライニングシートを1,000mm間隔で設置する。全席にコンセントが付き、背面の大型テーブルのほか、肘掛には向かい合わせ時にも使用できるテーブルが収納されている。

　制御機器はIGBTのVVVFインバータ制御で、誘導電動機に代わり東芝製の全閉式永久磁石同期電動機（PMSM）を採用。また、東武で初めてセンサで車体の振動を検知し、瞬時に圧縮空気でダンパーを操作して振動を抑える車体動揺防止制御装置（フルアクティブサスペンション）を搭載し、乗り心地が向上している。安定運行を確保するため、車両情報管理装置（T-TICS）などの主要な機器類は二重系の回路で保護し、故障した場合はもう一方の回路を使用して最低限の運転を継続できる。

用語解説	PMSM ［ぴーえむえすえむ］	東芝が開発した永久磁石同期電動機。現在主流の誘導電動機に比べ低発熱で放熱用の装置が不要となり、小形化が実現した。また、回転子が永久磁石となり、構造が簡単で強度面でも優れている。全閉構造のPMSMは低騒音や電動機の分解が不要で、メンテナンスは軸受の交換のみで済む。

東武のフラッグシップトレイン
100系 スペーシア

100系「スペーシア」は、30年にわたり東武特急として活躍してきた1700・1720系（DRC）に代わり、1990年に登場。Fast（速く）・Pleasure（楽しい、心地よい）を設計のコンセプトとし、フラッグシップにふさわしく豪華で快適な特急車両である。

東武を代表する看板列車として登場

　100系は、低重心・高気密・遮音を考慮して東武初のオールアルミ合金製の車体を採用。車体色はジャスミンホワイトを基調に窓周りを黒とし、パープルルビーレッドの細帯とサニーコーラルオレンジの帯が巻かれた。両先頭車は流線形で、制御方式はGTOのVVVFインバータ。全電動車6両固定編成が9本製造された。

　東武の看板列車にふさわしく、コンパートメント特別室が6号車に6室設けられた。1室の定員は4人で、各室ともソファと天然大理石の固定テーブルを備えている。ほかにビュッフェカウンターやインバウンド向けの案内を主な目的としたサービスカウンターが設置された。一般客席の座席は、フリーストップ式回転リクライニングシートが1,100mm間隔で並ぶ。車内の遮音性を高めるため、60mmの台枠に70mmの床詰め物をし、さらに一部を除いてじゅうたんが敷き詰められた。

　また、現在は使用を休止しているが、特別室ではルームオーディオや電動ブラインド、ビュッフェに直接注文できるインターフォンが設けられていた。一般客席では、座席のヘッドレスト部に埋め込まれた指向性スピーカーやイヤホンで、ジャンル別の4チャンネルから選択して音楽等を聞くことができた。

　名称は一般公募で「スペーシア（SPACIA）」と決まり、翌91年、東武では初の「鉄道友の会ブルーリボン賞」を受賞した。

1990年に登場した時のオリジナルカラー。
6050型以降、当時の東武で多々見られた
カラーリング。

伝統色をアレンジした「サニーコーラルオレンジ」。

紫色を基調にした「雅」。

青色を基調にした「粋」。

金色が華やかな「日光詣スペーシア」。

現在も第一線で活躍中

　2006年から一部にJR東日本への乗り入れ対応機器を搭載し、新宿～東武日光・鬼怒川温泉間の相互直通運用に充当。2011年からリニューアル工事が実施され、外観は東京スカイツリー®と合わせて江戸紫の「雅」、隅田川の水をモチーフとした淡いブルーの「粋」、日光・鬼怒川方面を象徴する「サニーコーラルオレンジ」をそれぞれ基調とした塗色に、各3本ずつ改装された。車内は、座席のモケットが個室は茶色系、一般座席は青色系に張り替えられた。2015年には2編成が金色を基調に黒と朱を配した「日光詣スペーシア」に塗色が再変更された。

　2021年から5編成が登場時の塗色に塗り替えられるほか、101編成は1720系を模したDRCカラーに塗色変更され、リニューアルカラーは消滅した。「スペーシア X」登場後も、しばらくはJR乗り入れ列車と一部の浅草発着列車を担う。

用語解説

鉄道友の会ブルーリボン賞
[てつどうとものかいぶるーりぼんしょう]

鉄道の愛好団体である鉄道友の会が年1回選定する、日本の最優秀鉄道車両に贈られる賞である。前年に登場した新造または改造車両からブルーリボン賞・ローレル賞選考委員会が候補車両を選ぶ。この中から会員が投票し、投票結果と選考委員会の審議で決定される。

急行から特急に昇格した特急車
200型・250型 りょうもう

1990年に100系が登場し、特急用の1720系が引退を開始した。この1720系の走行装置を流用し、新造した車体を組み合わせる車体更新車として製造されたのが200型である。急行用1800系の後継として1990年に落成し、翌年から急行「りょうもう」で活躍を開始した。

特急「りょうもう」の200型。100系と違い直線的なウェッジシェイプをしている。

DRCの車体更新車として登場した200型

　200型は1720系の**車体更新車**として1990年から1998年にかけて製造された。両数・編成本数は1700系・1720系と同じ6両編成9本である。走行装置の流用にあたり、台車は軸箱とその支持方式、車軸径が変更され、車輪は曲線通過時のキシリ音を減らす防音リング付きが採用された。主電動機は歯車比とも流用前と変更はなく、110km/hの最高速度と全電動車方式も同じである。制御装置には滑らかな加速が得られるバーニア式の抵抗制御方式を採用した。

　東武で初めて界磁添加励磁装置が加えられ、これを利用した定速運転装置が設けられた。ブレーキ装置の基本は1720系を流用し、添加励磁装置が付いたことで回生ブレーキが作用するようになった。また、降雪時にブレーキ踏面の凍結を防ぐ抑圧ブレーキ、常用ブレーキのバックアップ用の保安ブレーキも搭載している。

　車体は普通鋼製で車体色はジャスミンホワイトに1800系由来のローズレッドの帯が巻かれ、側窓と運転台の窓の周囲は黒で塗装されている。前面は大きな一

枚曲面ガラスが特徴で、前照灯は運転台の窓下、尾灯は腰板のやや下寄りに収められている。車内の化粧板は白を基調とし、座席とカーテンは赤系、床は茶系でまとめられている。座席はフリーストップ式回転リクライニングシートで、間隔は1800系より25mm広い985mmとなった。第3～6編成の座席は1720系の3段式回転リクライニングシートの布地を貼り替えて使用したが、2014～16年までに交換された。

200型の特徴ともいえる、1720系から継承したFS370A型台車。

新製車にふさわしい走行性能を誇る250型

　第7～9編成はマイナーチェンジされ、パンタグラフのシングルアーム化や後に全車に及ぶ連結面の転落防止幌の設置、3号車に車椅子対応の多目的トイレやデッキ・側引戸の拡大などのバリアフリー対応が取り入れられた。

　1800系が「りょうもう」から完全撤退するため、1998年に増備されたのが250型である。種車の1700・1720系がないため、完全な新製車となった。車体は第7～9編成と同じだがパンタグラフの搭載位置が変わり、2号車に1基と5号車に2基が搭載された。機器類は30000系に準じたIGBTのVVVFインバータ制御方式となり、ボルスタレス台車を採用し、車両構成は3M3Tとなった。

　250型の登場に合わせて「りょうもう」用車両が全車200型・250型となり、1999年のダイヤ改正から最高速度が110km/hに引き上げられ、特急に格上げとなった。

　なお、2016年6月から2018年11月まで、208編成が友好鉄道協定を締結している台湾鉄路管理局・普悠瑪号のカラーに塗装変更された。2021年8月には、200型のうち2編成を、先代の1800系を模したローズレッドにホワイトのラインを2本配した塗色に変更。座席も1800系のカラーに変更された。

東武鉄道はリバイバルカラーが盛んな鉄道事業者である。ローズレッドにホワイトのラインを配した1800系カラーで走る200型「りょうもう」。

| 用語解説 | 車体更新車 [しゃたいこうしんしゃ] | 古くなった車両を解体し、この中から使用できる部品を新しく造った車体に移してできた車両。車体は台枠から新たに造る場合と、元の車両の台枠を使い、台枠より上を新しく造る場合がある。この時に形式名称が変わることは多いが、鉄道会社によっては変わらない場合もある。 |

TOBU 42

東武の新たな標準車両
50000系列

50000系列は、日本鉄道車両工業会が定める通勤・近郊電車の標準仕様ガイドラインに従った日立製作所の製造技術「A-train」で製造された。2004年の登場以降、さまざまなバリエーションが登場し、東上線、伊勢崎線、日光線で活躍をしている。

50000型第1編成の落成時の写真。50000系列全体で、この編成のみが非貫通型である。

東武通勤車初のアルミ車体

　50000系列は、東武の通勤車として初めてアルミ車体で製造された。日立製作所が開発した鉄道車両の製造技術「A-train」を採用するため、全車が日立製である。50000系列は使用路線により車体寸法に違いはあるが、主電動機やIGBTのVVVFインバータ制御機器、パンタグラフ、台車、ブレーキ装置などの機器類を統一している。車体では妻面の窓が廃止され、集中クーラーを東武で初めて装備した。車体色は50090型を除き同じで、無塗装の戸袋部分にシャイニーオレンジのシールを貼り、普通鋼製の前頭部のみ塗装で仕上げている。

　いずれも10両固定編成で、30000系に引き続き車両情報制御装置（ATI装置）を搭載。車両内の情報伝達のための引き通し線や配線を整理し、機器を集約化している。増備途中から側窓の一部が固定窓から下降窓に変更され、初期車も開閉可能に改造された。

50000型から始まるバリエーションの数々

　50000型の第1編成は2004年10月に落成し、翌年3月から東上線（地上線）で営業運転を開始。前面は非貫通だったが、2005年登場の第2編成以降は車掌台側に外開きの非常扉が設けられ、前照灯と尾灯の位置が100mm上がり、以降の標準デザインとなった。9本が製造されたが、2本は伊勢崎線系統に転属した。

　50050型は伊勢崎線用で、押上から東京メトロ半蔵門線、東急田園都市線に乗り入れ可能。2005年から18本が製造された。乗り入れ先の車両限界の関係で車体の最大幅が50000型よりも30mm狭い。

　50070型は、東京メトロ有楽町線・副都心線に乗り入れ可能な東上線向けの車両で、2007年から7本が造られた。副都心線に設置されているホームドアに合わせて先頭車の連結面が130mm延長され、隅柱から側窓までの長さが130mm伸びた。この形式から種別・行先表示器はフルカラーLEDとなった。

伊勢崎線系統用の50050型第1編成の現在の姿。固定窓だった側窓が開閉可能に改造されている。

　50090型は、2008年から導入された「TJライナー用」で、ロイヤルブルーの帯が追加された。客席はロング・クロス転換式で、乗務員室から一斉転換が可能。6本が造られた。

50070型第1編成の落成時の写真。非常用貫通扉は地下鉄乗り入れ車両の必須の装備である。

「TJライナー」用の50090型はロイヤルブルーの帯を巻く。客席はロング・クロスの転換式。

用語解説　A-train ［エートレイン］

日立製作所が開発した鉄道車両の製造技術。ダブルスキン構造の鋼体を造り、これらをモジュール単位で組み立て、艤（ぎ）装などの工作作業を平行して進めて最後に長手方向に溶接して完成させる。アルミの溶接は変形を防ぐため、英国のTWIで開発された摩擦攪拌接合を採用している。

TOBU 43

野田線用と地下鉄乗り入れ用の次世代車 60000系、70000系列

野田線では長らく8000型が使用されてきたが、専用の新型車として60000系が投入された。新型車では久しぶりにブルーを配した車体色が特徴だ。さらに東京メトロ日比谷線との直通用には20m級の70000型を新製投入。各部に赤を配した車体色で、東武スカイツリーラインの中で目立つ存在になっている。

東武アーバンパークライン初の専用新造車

　2013年に登場した60000系は、野田線専用として初の新製車両である。50000系列に続き日立のA-trainが採用され、6両編成18本が造られた。車体は50000系列に似ているが、前頭部はやや傾斜が付き、前照灯と尾灯の形状や運転台の広さなどに独自性が出ている。

　前面はブラックフェイスの下部がフューチャーブルーで塗装され、側板の幕板部には同色の帯が貼られている。また客用扉の左右にはブライトグリーンの縦帯が貼られている。車内は貫通扉が全面ガラス製となり、野田線沿線の市の花をデザインしたステッカーが貼られている。制御機器は50000系列と共通だが、主電動機は低騒音の密閉式となっている。

　2014年から野田線に東武アーバンパークラインの愛称が付き、前面窓の下や側板腰板部の中央にロゴが入れられた。また、2016年から急行運転が始まり、表示器では行先のほかに種別も表示されている。

東武アーバンパークラインに専用車として投入された60000系。向かって左には非常用貫通扉が付く。

60000系は一般席にブルー、優先席にブラウン系のモケットを採用。妻面は薄い色の木目調。

70000型の車体はアルミ製なので、側面は50000系列と同類に見えるが、製造メーカーから全く異なる。

「THライナー」で使用する70090型は、車体やメカニズムは70000型とほぼ同じだが、外観では帯の入り方が異なる。

東京メトロ日比谷線乗り入れ用初の20m車

　東武スカイツリーラインと相互乗り入れをする東京メトロ日比谷線は、半径200m弱の曲線が多いため18m車のみで運転され、3扉車と5扉車が混在してホームドアの導入が困難であった。しかし、改めて検討したところ標識などの移設程度で20m車の導入が可能なことが分かり、東京メトロは日比谷線に20m・4扉の13000系を2017年3月に、同年7月には東武でも70000型を投入した。

　70000型は東武で初めて近畿車輌で製造され、同社で製造した東京メトロ13000系と仕様の共通化を行った。アルミ製4扉車、7両編成といった仕様のほか、車内の主要設備や車両の搭載機器が13000系と統一されている。床下機器の主電動機は東武側の東芝製PMSM、制御装置は東京メトロ側の三菱製IGBTのVVVFインバータを採用し、各社の長所を盛り込んでいる。動力は車端部側の軸にのみ付けられ、車体内側の軸は従軸で可動する操舵台車を導入。曲線通過時の騒音を減らしている。前面はブラックフェイスの周囲にイノベーションレッド、その下にピュアブラックの細帯が入り、側面にもこの2色の帯が入る。

　2020年6月から有料着席サービス「THライナー」が開始され、70000型をベースに、ロング・クロス転換式の座席を備えた70090型が投入された。基本構造はほぼ同じだが、外観は前面の塗り分けや側面の帯の入り方が異なる。

用語解説	操舵台車 [そうだだいしゃ]	曲線通過時の騒音を減らすため、車軸がカーブに追随して動くようにした台車。70000系列の動力車では、動力は車端部側の軸にのみ付けられ、車体内側の軸は従軸として可動するようにした。東京メトロでは、銀座線の1000系にも同様の操舵台車を採用している。

東急への乗り入れから東上線に転属 30000系

30000系は、2000年からの営団地下鉄（現・東京メトロ）半蔵門線と東急田園都市線との相互乗り入れに備えて1996年に落成した。当初は伊勢崎線の乗り入れ列車を中心に使用されてきたが、運用の変化により現在では大半の車両が東上線に転属している。

東上線を走る30000系。転属後は分割併結がなくなったため、電気連結器が撤去された。

東武初のワンハンドルマスコン車

　30000系は、後述の10030型と同じくダルフィニッシュ（梨地仕上げ）のステンレス製の車体を採用し、これまでのステンレス車を踏襲してロイヤルマルーンの帯を巻く。客用扉間の窓配置は、20m級ステンレス車で採用されてきた独立2枚窓から連続2枚窓に変更された。前面は左右のガラス部分が大きくなり、連結器の下に**電気連結器**を2段設置し、スカートが下まで広がった形状になった。車内は1人あたりの座席幅が広がり、増備途中から座席区分を明確に示すバケットシートが採用された。

　乗り入れの統一規格により、ワンハンドルマスコンを東武で初採用。主制御器ではIGBTのVVVFインバータが初採用され、10000系列とも併結運転が可能で

ある。2001年度から登場した4次車は東武で初めて全電気ブレーキを採用し、後に全車に及ぶこととなった。

なお30000系の製造はアルナ工機（現・アルナ車両）、富士重工業、東急車輌（現・総合車両製作所）が担当し、特にアルナ工機は東武向け最後の車両、富士重工業は製造した最後の電車となった。

10両貫通編成に改造された30000系。前面と乗務員室は形状としては残っているが使用できず、形式もサハになっている。

地下鉄線乗り入れ開始とその後

30000系は6両編成と4両編成が造られ、地下鉄への乗り入れは併結して10両編成で実施された。ところが混雑の激しさから10両編成の中間にある運転台が輸送力を減らす原因とされ、10両貫通編成の50050型が造られて置き換えられた。2005年から乗り入れ指定が解除され始め、本線の地上車となった。指定解除された30000系の直通運転用機器は、取り外されて50050型に転用された。

本線では10000系列と併結運転を行っていたが、その後、10000系列のみで統一することとなり、2011年から地下鉄乗り入れ用の20両を除く130両が東上線に転属した。転属にあたり10両固定編成に改造され、中間の運転台は運転機器類を撤去してサハとなった。また、2011年からIM（誘導電動機）に代わる新しい主電動機PMSM（永久磁石同期電動機）の試験にモハ35602を使用。これは次期主力となる省メンテナンスの主電動機で、現在はJRや私鉄を問わず普及が進んでいる。

なお、30000系以降、東武の通勤電車はA-trainや他社と共通設計の車両となっている。

30000系4両編成＋10000型2両編成で運転されていた伊勢崎線時代の30000系。連結器の下に併結用の電気連結器が付いていた。

用語解説

電気連結器
[でんきれんけつき]

車両を連結・解放する場合、電気・空気回路も接続・解放する必要がある。そこでこれまでのジャンパ連結器に代わり、電気・空気回路をまとめた電気連結器が開発された。機械連結器の下に設置され、機械連結器の操作と連動して電気・空気回路の操作も行えるようになった。

5扉車もあった地下鉄乗り入れ用18m車 20000系列

20000系列は、営団地下鉄（現・東京メトロ）日比谷線に直通する2000型を置き換える目的で1988年に登場した。車体は18m級の3扉車で、増備過程では乗降効率を高める5扉車も登場した。70000型の登場後は20400型に改造されて宇都宮線などのローカル輸送に投入された。

東京メトロ日比谷線を通って中目黒まで直通する20000型。向かって左端まで寄った非常用貫通扉が特徴。

日比谷線混雑緩和の切り札として5扉車も登場

　20000型は18m級の3扉車で、車体はダルフィニッシュのステンレス製である。サイリスタチョッパ制御の冷房車で、8両編成が13本造られた。車体はロイヤルマルーンの帯が窓下に巻かれ、運転台周囲は下にもう1本巻かれている。前頭部はFRP製で、正面から見て上段の帯の左端に車番が書かれ、下段の帯の中に角型の前照灯と尾灯が納まっている。運転室は大きな1枚窓で、左端に非常用扉が設置された。側面は1,300mm幅の両開き扉が並び、扉間は2連窓が2組並ぶデザインとなった。車内は1人あたりの座席幅が450mmに拡大され、貫通路は引き戸が設けられて風の吹き抜け防止が図られた。東武初の**ボルスタレス台車**となり、乗り心地が改善された。

　20050型は1992年登場のマイナーチェンジ車で8本が造られた。編成の両端2両は乗降時間の短縮を目的に5扉車となり、扉間の窓は戸袋を兼ねるため車端

部を除き開閉できない。扉の開口面積が大きいため、クーラーが10,500kcalから12,500kcalへと強化された。制御機器はGTOのVVVFインバータとなり、種別・行先表示器は幕式からLED方式へ変更され、連結面には転落防止幌を設置。客用扉の高さが1,800mmから1,830mmに変更され、貫通扉の窓ガラスが天地方向に拡大

8両編成の両端2両ずつが5扉車の20050型。
非常用貫通扉の上に「5DOORS」の表示が入る。

された。さらに車外スピーカーや車椅子スペース（2・7号車）が設けられた。

　草加〜越谷間複々線化工事完成と北千住駅改良工事の完成に伴う1996年の増備では、再び3扉車とした20070型が3本が造られた。パンタグラフはシングルアーム式となり、クーラーキセが独立した形状となった。

日比谷線から新たな活躍場所へ

　70000型の投入で置き換えられた20000系列の一部は、4両固定編成の20400型に改造され、2018年から日光線南栗橋以北と宇都宮線で運用を始めた。

　ワンマン運転用に、自動案内放送装置や客用扉の開閉ボタンを設置。車体の帯色は藍色に変更され、正面の運転台下と客用扉の横に黄色帯が貼られた。前照灯と尾灯の位置が入れ替えられてLED化され、種別行先表示器はフルカラーLED化。スカートも装備された。運転台機器も更新され、東武初の左手操作式ワンハンドルタイプを採用。車内は70000系並みに改装された。

寒地対策が施され、宇都宮線と日光線南栗橋以北用に改造された20400型。写真の先頭車は5扉車からの改造車で、2・4番目の扉が埋められている。

用語解説　**ボルスタレス台車**
[ぼるすたれすだいしゃ]

従来型の台車は、台車枠と車体を支える枕ばね（空気ばね）の間に揺れ枕（ボルスタ）という部品があり、上下する枕ばねと回転する台車枠という、2つの動きを中継する役割を果たす。ボルスタレス台車は揺れ枕を省略して左右方向も可動の枕ばねと台車枠を直結した台車である。

2種類の顔があるステンレス製車体の標準車 10000系列

10000系列は8000系列の後継として投入されたステンレス車両で、9000型試作車を参考に開発されて1983年に登場した。その後もマイナーチェンジを重ねて増備が続き、最近はリニューアル工事も始まっている。さまざまな編成両数があり、ほとんどの路線で使用。2013年からは帯色を変えて野田線用が登場した。

オリジナルスタイルの10000型は、貫通扉が中央に付いているものの、灯火類は縦に配置されて9000型に似ている。

8000系列の後継車両として登場

10000型の前面はFRP製で、周囲の縁は9000系列よりRが大きく、丸みを帯びた印象となった。貫通扉は中央に設けられて左右対称、左上に種別表示器、右上に行先表示器を配置。角型の前照灯と尾灯は上下に並んで腰板部に付く。前面・側面ともにロイヤルマルーンの帯が巻かれている。

1983年に東上線用として8両固定編成が2本落成し、翌年には本線系統用に6両編成が2本、2両編成が1本登場。1989年まで製造され、2・6・8両編成と10両編成化用の中間車2両を組み込んだ10両固定編成も誕生している。主要機器は界磁チョッパ制御でMT比は8000型と同じ1:1。パンタグラフやクーラーなどの機器類は8000型の後期車と同じものが使われた。

マイナーチェンジで車体や前面を変更

　1988年の増備車は10030型となり、前面形状を変更。車体側板はコルゲートからダルフィニッシュのビードに変更され、窓下の帯は客用扉にも入れられた。駆動装置に変更はないがボルスタレス台車となり、1994年度製造分からは自動解結装置を装備した。1996年まで増備され2・4・6・10両編成が登場。最終増備車のモハ11267は東武初のシングルアーム式パンタグラフを試験搭載した。

　1988年に登場した10080型は、東武初のGTOのVVVFインバータ制御車で4両編成1本が試作的に製作された。制御装置は100系の開発に生かされ、2007年に50000系列と同じ主電動機とIGBTのVVVF制御装置に交換された。

　2006年度から10000型、2010年度から10030型のバリアフリー化工事と室内リニューアル工事が行われ、パンタグラフのシングルアーム化、一部編成ではIGBTのVVVFインバータ制御器への換装、10両固定編成化に伴う運転台撤去、スカートの取り付けなどが行われた。

　2013年から一部が東武アーバンパークラインへ転属し、帯は腰板部がフューチャーブルー、幕板部がブライトグリーンに変更された。2020年からは2両編成の10000型がワンマン化改造を受け、佐野線・小泉線・桐生線に投入された。

館林地区のローカル輸送に使用される2両編成の10000型。写真は小泉線。

増備車の10030型は、灯火類の形状が変わったほか、車体側面のビードが減り、違う形式のようである。

東武アーバンパークラインに転属した10030型。60000系に合わせた帯色に変更された。写真はスカート追加車。

| 用語解説 | **MT比**
[えむてぃーひ] | 動力分散方式の電車などで1編成中にある動力車と非動力車の割合を示したもの。3両編成で動力車が2両の場合は2M1Tとなり、MT比は2：1なる。動力車の割合が高いとMT比は高くなる。同じ動力を用いた場合、MT比が高いとコスト上昇となるが加減速性能は優れることになる。 |

初物尽くしのステンレス車 9000系列

営団地下鉄（現・東京メトロ）有楽町線への乗り入れ用として開発された9000系列は、ステンレス車体のほか、チョッパ制御、電気指令式空気ブレーキ、10両貫通編成、密着連結器の装備やロイヤルマルーンの帯を巻くなど、デザインからメカニズムまで東武では初物尽くしの画期的な車両となった。

2006年にリニューアル工事を受けた9000型の量産第1編成。前照灯がHIDに変更され、種別・行先表示器がフルカラーLEDになった。

ロイヤルマルーンの帯を初採用

　9000型は、東上線と営団地下鉄有楽町線を直通運転するため、1981年に10両編成の試作車が1本造られた。メーカーは9101～9401が東急車輌（現・総合車両製作所）、9501～9601が富士重工、9701～9001がアルナ工機で分担して製作された。

　ステンレス車体は腰板部と幕板部に**コルゲート板**を使用し、それ以外はダルフィニッシュをしたステンレスの平板を使用した。側窓は窓の四隅にRが付いたバランサー付きサッシュレス一段下降窓となった。正面は上から見て中心で「く」の字に折れるデザインとし、FRP製の額縁スタイルとなった。運転台を広く取り、上部の種別行先表示器まで1枚の大きな窓ガラスで覆っている。非常用貫通扉はやや左に寄り、扉の上部に車番が表記されている。運転台下と側板の腰板部分は、乗降扉を除いてロイヤルマルーンの帯が巻かれている。この帯はステンレス車体の通勤用車両の象徴として、東武最後のステンレス車となった30000系まで採用された。

6年を経て量産車を増備

1987年8月からの乗り入れ開始に合わせて、同年に量産車が6本登場した。先行試作車から6年が経っており、各部に改良が加えられた。車内では座席幅を1人あたり450mmに拡大し、車端部の座席が4人掛けから3人掛けとなった。これにより客用扉の位置が変更となり、客用扉間の窓の幅は905mm、車端部寄りは800mmとなった。

また、側面の種別・行先表示器が車端寄りから中央部に変更になった。屋上機器はパンタグラフが各車2基から1基となり、クーラーキセは連続形となった。制御機器関係ではチョッパ制御の半導体素子が逆導通サイリスタから大容量で低コストのGTOサイリスタに、主幹制御器が無接点式に変更された。前照灯は10000型と同じ形状とし、標識灯などはLED化された。試作車は乗り入れ開始を前に量産車に合わせる改造が行われた。

1994年には有楽町線新線開業と東上線の輸送力増強用に2本が増備され、制御方式の変更により別形式の9050型となった。制御方式がGTOのVVVFインバータとなり、主電動機も三相誘導電動機となった。車体は側板のビードが減り、種別・行先表示装置は前面・側面ともにLED式に変更された。屋上機器ではクーラーが単独型となった。

1997年に試作車の制御機器を換装。2006年からのリニューアル工事で、量産車は前照灯のHID化やスカートの設置、種別・行先表示器のフルカラーLED化、パンタグラフのシングルアーム化などが行われた。なお2008年の東京メトロ副都心線乗り入れでは、試作車はドア位置が異なるためホームドアと合わず充当されていない。さらに有楽町線のホームドア設置以降は東上線のみで運用されている。

副都心線および有楽町線への乗り入れから外れたことで、現在もオリジナルの姿を保つ第1編成。

| 用語解説 | コルゲート[こるげーと] | ステンレス板の強度向上に凹凸（ビード）加工をすることである。本来の使われ方は床板や屋根などだが、車体の歪みを見せないためにも使われる。ステンレス板は硬度が高く、溶接による車体の歪みを鋼製車のように取るのは難しいため、コルゲート加工したステンレス板を使用している。 |

TOBU 48

私鉄最多の製造数を誇る東武発展期の顔 8000系列・800型・850型

8000系列は、7800系の後継車両として1963年に登場。1983年まで712両が製造され、系列としての製造両数は私鉄最多である。現在活躍している車両は全て更新工事後の前面になっているが、オリジナルの前面を現役で唯一持つ8111編成は東武博物館保有の車両として動態保存されている。

現在、6両編成以上の長編成が走るのは東武アーバンパークラインのみになった。車体には路線愛称のロゴが入る。

東武の成長時代を代表する通勤車

　8000系列は、20mの普通鋼製車体で、1,300mm幅の両開き扉を持つ4扉車である。戸袋窓はなく、側窓・妻窓とも上段下降・下段上昇式。床はモーター点検蓋を廃止し、騒音の防止と車体製作の簡素化を図っている。前面は三つ折りの平面で構成され、6mm厚の鋼板で強化されている。貫通扉の上部に行先表示器を備え、向かって左側の窓上に列車番号（のちに種別）表示器を配置。前照灯と尾灯は左右の窓下にそれぞれ縦に配置され、運転台の屋上には左右に通過標識灯が設置されていた（のちに撤去）。運転台は客室の床より300mm高く、踏切障害などにも有効な高運転台のデザインは6000型、5000型、3000系にも引き継がれた。

　経済性を重視した設計でMT比は1:1。日比谷線乗り入れの2000型を除き、東上線・伊勢崎線系統では最初の新性能電車となった。台車はミンデン式を採用し、以降の東武の台車の基本となった。制御方式はバーニア制御で、超多段制御によ

りスムーズな加速を実現。制動方式は実績のある電磁直通空気ブレーキ式を採用し、安定した技術の車両を大量増備して輸送力の増強に取り組んだ。

車体修繕工事で新しい顔つきに

製造は1963年に4両編成、翌年に2両編成で始まり、1971年から中間車2両を4両編成に組み込み、6両固定編成化が行われた。翌72年、新製冷房車が6両・2両編成で登場した（東武では2両編成を8500型と分類している）。非冷房車の冷房改造工事は1973年から始まり、1984年に完成。増備中には運転室の拡大や仕切開戸の変更などのほか、保安ブレーキ・戸閉保安装置の設置、CPや台車の変更、中間連結の棒連結器化、床構造の改良、列車無線の取り付け、MGのブ

ラシレス化などが行われた。1977年から東上線用の8両固定が登場し、1979年には車番が5桁のインフレナンバーとなった。1980年から客用扉の窓ガラスの支持方法がHゴムからアルミ枠となり、2年後に増備が終了した。

セイジクリーム単色時代の原型の8000系列。屋根には通過標識灯、貫通扉にはサボ受けが付く。

全盛を築いた8000系列は、1987年から6050型と似た前面に改造する車体修繕工事が始まり、2001年から一部でワンマン化改造が始まった。2004年からは3両編成化のうえ、ワンマン化改造が行われた車両が800型・850型に形式変更された。この時不要となった車両が8000系列で初めて廃車となり、以降はバリアフリー化対応やバケットシート化された車両も登場しているが、新形式の投入により編成単位の置き換えが進んでいる。

伊勢崎線の館林以北を走る850型。外観は8000型のままだがワンマン運転の対応改造を受けている。

用語解説

ミンデン式
[みんでんしき]

ドイツのミンデン研究所で開発された台車で、軸箱を左右から1枚の水平板ばねで支える特徴がある。振動は軸ばねのみで吸収し、水平板ばねを台車枠と直結することで、摩耗が多く保守に手間のかかる軸箱守を省略し、台車を簡略・軽量化することができた。0系新幹線でも採用された。

黎明期から戦後までの東武鉄道の電車 デハ1形、デハ5形、デハ10形など

東武鉄道は蒸気機関車が牽引する鉄道として開業し、1924年から電化を開始。1929年には当時の全線を電化した。これに伴い電車を投入し、1929年には日光線で電車による特急の運転を開始。1935年に特急専用車デハ10形が登場すると、日光輸送をめぐる国鉄との激しい競合が始まるのである。

東武電車のはじまり

　東武最初の電車として知られているのが、1924年に業平橋（現・とうきょうスカイツリー）〜西新井間の電化で登場したデハ1形である。日本車輌製で電気部品はウエスチングハウス社製、ダブルルーフ・正面5枚窓の木造電動車で、車内はロングシートだった。8両が投入され、1両が東武博物館で保存展示されている。

　1925年のデハ2形2両、クハ1形6両は越ケ谷（現・北越谷）への電化延伸に合わせて登場したシングルルーフの電動車と制御車で、2両編成での運転を始めた。クハ6両はのちに全て電動車に改造された。

　1927年から29年にかけて、伊勢崎線・佐野線・東上線の電化が完成し、日光線が電化で全通したため、東武タイプと呼ばれる電車が登場した。一段窓の17m車体で、一端が全室運転室で中央に運転台があった。他端は片隅運転台で、通路を挟みトイレが設けられた。電動車・制御車・合造車の計114両が同一規格で製造され、デハ4〜6形、クハ3形、クハニ1〜2形、クハユ1〜4形があった。

東武初の電車となったデハ1形5号。写真は往年の姿に戻されて東武博物館で保存されている車両。

統一規格の設計で1927年から投入された、戦前の東武を代表する電車、デハ5形。写真提供/東武鉄道

東武形電車の登場から第1次鋼体化車まで

1929年に日光線で特急の運転が不定期で始まり、1935年には初の特急専用車デハ10形が登場し、1943年まで増備を重ねた。2扉・クロスシートで八角形のシャンデリアや売店がある関東の私鉄で初の本格的な**ロマンスカー**であった。デハ10～12形、クハ10～12形の計24両が造られ、戦時中の特急運転廃止を経て、戦後は53系（5310系）として日光線の特急や東上線の「フライング東上」で活躍した。また、1929年の日光線開通に合わせて貴賓車（客車）トク1形500号が製造され、電車に連結して運転。戦後は改造されて、団体観光用として一時使用された。

大正時代は電化区間以外では木造客車を蒸気機関車が牽引していた。電化に合わせてこれらの客車は電車用のサハに改造され、特に1941年と43年の鋼体化では台枠と台車を流用しクハ9両とサハ4両に生まれ変わった。第1次鋼体化車と呼ばれる車両である。このほか電車化を前提とした「客車型電車」も製造された。

戦後、青地に黄色帯に塗色変更されて、東上線の「フライング東上」として活躍する53系。写真/児島眞雄

東武鉄道が吸収合併した私鉄の電車は「合併形電車」として紹介されることが多い。これらの中で有名なのは、下野系と呼ばれる1931年製の東武タイプに似たデハニ101形の3両と、総武系と呼ばれる1929年製のモハ1001形、モハニ1101形、クハ1201形、1942年製のコハフ500形の12両である。このうちクハ1201形の1両は高松琴平電鉄（琴電）に譲渡され、外観をほぼ保ったまま2000年まで活躍した。

1926年に登場した客車型電車ホハ54形は、1927年にデハ3形電車に改造され、1952年に写真のクハ220形に再改造された。写真/児島眞雄

| 用語解説 | ロマンスカー [ろまんすかー] | 京阪電気鉄道が1927年に投入した全鋼製車1550型に命名した和製英語である。2扉車で2人掛けの転換クロスシートを備えており「ロマンスカー」の愛称が付けられた。この名称は各私鉄で流行したが、小田急電鉄がこの名称を使い続け、現在は同社が登録商標を取得している。 |

戦後復興期からDRC登場までを支えた特急車 5700系、1700系・1710系

戦後、浅草と日光や鬼怒川温泉を結ぶ特急は、戦前に特急で使用されたデハ10系（5310形＋350形）を整備して使用していたが、少しずつ復興が進むと新しい特急車両が求められるようになった。そうして1951年9月22日に就役したのが5700系である。

流線形の前面が斬新だった5700形A編成。ヘッドマーク周りの飾りから「ネコひげ」と呼ばれた。写真／辻坂昭浩

戦後初の新製特急車・5700系

　5700系は1951年9月に2両編成3本が営業運転に就いた。当時、国鉄（現・JR）の80系電車の流線形デザインが各鉄道会社に影響を与えており、設計にあたっては80系と一線を画す流線形が目指された。3編成のうち2本は流線形の非貫通型で、もう1本はデハ10系を参考にした貫通型であった。客用扉は、2両で片側あたり3枚配置され、車内は全席クロスシート。連結面にはトイレと放送室を設置し、電球が主流の時代に蛍光灯は大変明るく好評であった。デハ10系と併用で浅草〜東武日光・鬼怒川温泉間に充当された。

　1953年1〜2月には2両編成3本が増備された。3本は全て貫通型で、うち2本は東芝製の直角カルダン駆動を搭載した試作車であった。当時、形状や性能ごとに形式が分かれており、流線形**吊掛駆動車**を5700形A編成、貫通型吊掛駆動車を5710形B編成、貫通型カルダン駆動車を5720形C編成と区分された。

1700系・1710系の登場後は特急運用から撤退し、急行用として全車貫通型になり、5720形は吊掛駆動車に改造された。そして5700系に統一されてモハ5700〜5705、クハ700〜705に改番された。急行用を示す青帯を巻いて日光線・伊勢崎線で活躍後、臨時快速列車や団体列車、DRCの代走を行い1991年に引退した。

快速「たびじ」のヘッドマークを掲げた後年の5700系。車体色は東武の当時の優等車両で使われているマルーンとベージュのツートン。

初期の高性能特急電車1700系・1710系

国鉄が日光線へ高性能の気動車準急を投入したことを受けて、1956年に登場したのが1700系で、2両編成が4本造られた。カルダン駆動・全電動車の高性能車で、車体は半張殻構造で5700系より20％ほど軽量になった。外観はマルーンとベージュで塗り分け、窓下に白帯が入ることから「白帯車」と呼ばれた。

座席は回転式リクライニングシートで、客用扉は2両編成の片側あたり3枚で、連結面には売店と洗面所・トイレが設けられた。翌57年には1700系に洋式トイレを追加した1710系(2両編成・2本)が造られた。

両形式とも国鉄側を上回るサービスぶりを発揮して、冷房化や側窓の固定窓化、マジックドア(貫通路の自動ドア)の設置、前照灯のシールドビーム化といった改造が加えられた。製造後15年程度が経過して機器の痛みが進んできたことと、後に登場したDRCとの差を解消するために、機器の一部を流用してDRCと同じ車体を新たに造ることとなった。こうして1971・72年に1700系・1710系は2両編成6本から6両編成2本に改造されてDRCの仲間入りをし、車体は解体された。

DRCに改造される前の1700系。機能性を高めた貫通型の前面に、1列ごとに窓が並ぶ端正なスタイル。写真／児島眞雄

| 用語解説 | 吊掛駆動
[つりかけくどう] | 主電動機から車輪に動力を伝える方式の一つである。主電動機を台車枠と車軸に乗せ、歯車で動力を直接伝えるため、線路からの衝撃で車軸や主電動機が破損しやすく、高速運転が難しい。現在の電車は小型主電動機を台車枠に固定して、継手を挟み歯車に動力を伝えるカルダン駆動が主流である。 |

TOBU 51

日光アクセスに王手を打った特急車
1700系・1720系DRC

1720系は、浅草と日光・鬼怒川方面を結ぶ特急車として1960年に登場した東武きっての名車である。前頭部は独特な形状の流線形で、前照灯などが縦に1列に並べられてボンネットの左右に配置された。中央にはヘッドマークが掲げられ、その上にはスピード感を表すシンボルマークが輝いていた。

縦に並んだ灯火類が特徴の1720系。豪華な6両編成の特急車が登場し、日光輸送をめぐる国鉄との激しい競合に終止符が打たれた。

技術の粋を結集した1720系

　DRCは、1973年までに9編成が製造されたが、このうち2編成は1700・1710系（119ページ）の車体更新車（1700系）で、1971年と翌年に1720系と同じ車体を持つ車両となり、DRCの仲間入りを果たした。台車などは1700・1710系からの流用のため、更新直後は1720系と見分けられたが、後に台車交換が行われて判別は難しくなった。また、1720系の最終増備車1781号編成は、スカートにある簡易連結器収納塞ぎ板にスリットが入ったのが他編成との識別点となった。

　編成は全電動車で電気的に2両単位のユニットを組む6両固定編成である。閑散期対策として中間の3・4号車を外して4両編成の運転も可能だが、旅客輸送は増え続けてその必要はなく、1960年に行われた高速試験の時のみであった。

　台車は当初、空気ばねの**アルストム式**で、4編成が使用した。1967年から改良型のミンデン式に交換され、5編成目以降は登場時からミンデン式を使用している。なお、交換されたアルストム式は2000型に転用された。

晩年の1720系は運転室も冷房化され、屋根上に機器が載る。写真は簡易連結器収納塞ぎ板にスリットがある1781編成。写真/児島眞雄

サロンルームでくつろぐ2代・根津嘉一郎社長。客室乗務員の背後にあるのはジュークボックス。その左は日本初のマジックドア（貫通路の自動ドア）。写真提供/東武博物館

日光アクセスの地位を決定付ける豪華設備

　車内はデラックスロマンスカー（DRC）の名にふさわしい設備が備えられた。冷暖房設備や防音・保温用に二重ガラスの固定窓が初めて採用され、天井は照明機器などを埋め込んで平面になるよう工夫された。トイレは2両に1カ所、和・洋式とも設置され、エアータオルを備えた洗面所は温水も供給可能。貫通扉はすべてアクリルガラスを使った自動扉で、2・5号車には軽食を提供するビュッフェ、4号車にはサロンルームが設けられた。

　サロンルームは自由空間で、1人掛け回転式の椅子と折り畳み式テーブルを備え、レコード盤を使用して200曲を提供できるジュークボックスは自慢の施設であった。しかし旅客増加のため、1988年からサロンルームは一般客室に改造された。従来の客室との仕切りが残ったことで2人掛け椅子が6脚ある個室のような姿となり、少人数のグループから人気があった。

　100系の登場で1990年から翌年にかけて特急運用から引退した。役目を終えた車両は走行機器などを利用し、車体更新車200型に生まれ変わった。なお、保存車両は東武博物館などにあり、現在でも見ることができる。

用語解説	アルストム式 ［あるすとむしき］	リンク式台車の一つ。側面から見て軸箱の左右に1本ずつ、段違いの位置に線路方向と平行にワットリンクがあり、軸箱を介してZ字状になる。軸箱を支持するワットリンクは軸箱の位置を決める役割を果たし、軸箱の上のコイルばねが振動を吸収する。フランスのアルストム社が開発した。

CHAPTER 4

急行「りょうもう」用の1800系と 勾配対応に改造した300型・350型

1800系は伊勢崎線の急行「りょうもう」用として誕生。200型の登場後は、会津鉄道・野岩鉄道の乗り入れと宇都宮線の急行用電車や、通勤車に改造された。前者はメカニズム面での改造が大きく、新形式の300型・350型となった。

ローズレッドの車体色に白帯を巻く1800系。最終編成以外は前照灯・尾灯が丸型である。

伊勢崎線ビジネス急行1800系

伊勢崎線の急行は1953年以来運転されてきたが、車両は5700系など日光・鬼怒川線の元特急車だった。1969年9月から浅草と伊勢崎・桐生などを結ぶビジネス急行「りょうもう」を運転するため、専用車両として1800系4両編成が8本製造された。冷房付きで、前面は曲面ガラスを2枚用いた**パノラミックウインドー**の非貫通型。車体色はローズレッドで腰板部に白帯が巻かれた。

側窓は1,520mmの広窓で客用扉は1扉（パンタグラフを2基備えた1830形のみ2扉）。デッキ付きで、座席はリクライニングなしの回転式クロスシートである。乗車率は高く、1979年に桐生側先頭車の後ろにM＋Tの2両が増結されて6両編成化。このうちサハ1840形には簡易運転台が設けられた。

1987年の増備車は、前照灯・尾灯と正面上部の補助前照灯が角型となり、冷房能力の強化や側面の行先表示器追加などの変更が加えられた。最終編成に合わせて、従来の8編成も形式名が変更されて10の位が順番にそろった。

1800系は、1987年製の1819編成が2018年に引退して形式消滅となった。角型の灯火類が特徴。

350型の臨時特急「きりふり」。前灯・尾灯が角型になり、前面窓の上にはLED灯の補助前照灯が装着された。

1991年から「りょうもう」に200型が登場し、1800系は300型・350型や通勤車に改造。臨時用に残った最終編成も2018年に引退した。

ただの塗色変更ではない新形式

会津鉄道・野岩鉄道への乗り入れには6050型より上の設備の4両編成が、日光線には6両編成の急行用電車が必要とされていた。そこで、1800系の改造により4両編成の350型3本と6両編成の300型2本が1991年に登場した。急勾配の山岳路線を走行するため、バーニア抵抗制御器に発電・抑速ブレーキを追加。合わせて電磁直通式空気ブレーキから発電ブレーキ併用電磁直通空気ブレーキに変更された。また、寒冷地を走るため、トイレなど水配管の凍結対策も行われた。

外観は前面窓下の愛称板を幕式の種別・愛称表示器に変更し、前灯・尾灯を角型に変更。側面にも行先表示器が装着された。車体色はジャスミンホワイトを基調に、パープルルビーレッドとサニーコーラルオレンジの帯が入る。座席は1800系の回転クロスシートを踏襲し、モケットを濃い茶色に張り替えた。

300型は浅草～東武日光間の急行「きりふり」をはじめ、臨時夜行列車でも使用され、2017年3月に引退した。350型は、浅草～新藤原間の急行「ゆのさと」などで運用。2006年から座席指定の急行は全て特急に格上げされたため、最後は特急「きりふり」「しもつけ」で運用されて、2022年3月で引退した。

用語解説	パノラミックウインドー [ぱのらみっくういんどー]	前面窓が側面まで拡大されている窓である。運転席からの視野が広がり、昭和30年代から国鉄153系などに採用された。前面は平面ガラス、隅柱部分は曲面ガラスとなっていることが多い。東武1800系の場合は前面中央部にピラーがあるが、1819編成は隅柱部分にピラーがない。

>>> ## クロスシートの快速電車と観光用展望車
6000型・6050型・634型

浅草から日光・会津地区まで特別料金なしで乗れる快速列車として1964年に登場した6000型は、冷房車の6050型に改造されて2022年まで活躍した。さらに2編成が観光列車の634型「スカイツリートレイン」に改造されて、カラフルな車体色で主に団体・臨時列車で使われている。

国鉄の153系にも通じる、片開き2扉の急行形スタイルの6000型。8000型と共通の前面だが、前面窓の上に行先と種別の表示器が備わる。

浅草と日光・鬼怒川を直結する快速に投入

　浅草と東武日光・鬼怒川温泉間には、開業以来、特急料金不要の列車が運転されてきた。1964年に登場したのが6000型で、1966年までに2両編成22本が落成した。片開き2扉セミクロスシート車でデッキはなく、扉間には18組の固定クロスシートが並ぶ。モハ＋クハで構成され、走行機器は8000型と共通だが高速性能は向上し、日光線の連続急勾配に対応するために抑速ブレーキが付く。

　前面は8000型（原形）と同じ構造の高運転台で、腰板部にある電照灯・尾灯は少し貫通扉寄りに位置し、行先表示器は運転台上部に設置された。2両編成で分割併結が可能なため、側面には前面と連動する電動行先表示器が東武で初めて設けられた。冷房はなく、首振式の扇風機を8台装備した。特別料金不要の快速を中心に活躍し、この車両の登場で浅草〜東武日光間の快速の所要時間は、3時間近くから2時間弱に短縮した。1985年から全車が6050型に生まれ変わった。

快適設備の6050型に更新

6050型は、6000型の更新と1986年に開業する野岩鉄道への相互直通運転用として1985年に登場した。2両編成・両開き2扉セミクロスシートの冷房車で、当初は6000型の機器流用で製造。流用元が尽きた後は完全新製車として、野岩鉄道所属車や会津鉄道譲渡車を含め1990年までに33編成66両が製造された。

前面は前面窓の上縁を延長した額縁スタイルで、左右の窓周囲を黒く塗装。車体色はジャスミンホワイトを基調に、サニーコーラルオレンジとパープルルビーレッドの帯を配する。座席はセミクロスシートで、側窓の下に折りたたみ式テーブルが付く。貫通路上部には行先表示装置が設けられた。

走行機器は山岳路線用に耐寒耐雪構造となり、長大トンネルに備えて運輸省（現・国土交通省）通達の「電車の火災事故対策A-A基準」に対応。主に快速で活躍し、2017年4月に浅草乗り入れが終了。2022年3月に定期運用を終了した。

なお、2012年に2編成4両が観光用展望車「スカイツリートレイン」に改造された。形式名は東京スカイツリーの高さ634mにちなんで634型と付けられた。

6050型は、8000型更新車と同様の額縁スタイルに、100系「スペーシア」を先取りしたカラーリングで登場。客用扉は両開きで乗降効率を高めている。

6050型から改造された観光用展望車の634型「スカイツリートレイン」。肩部に天窓が設けられた。写真は青系の第1編成と赤系の第2編成の併結運転。

用語解説　**A-A基準**　［えーえーきじゅん］

運輸省（現・国土交通省）が地下鉄用車両などに火災対策の基準を示した通達である。1968年に日比谷線内で発生した車両火災事故を受けて、これまでのA-A様式をさらに厳しくした内容となっている。現在は廃止されて義務規定ではないが、技術基準省令に基づいて火災対策が行われている。

戦後の輸送を支えた復興車と車体更新車 3000系、7300系、7800系

予算の限られる私鉄では、かつては古くなった車両の機器と新しい車体を組み合わせた車体更新車が多く見られた。東武の代表的な車体更新車として3000系と5000型がある。また、太平洋戦争後に運輸省から国鉄と共通仕様の電車が供給され、東武では6300系として活躍をした。

大正生まれの車両も含まれていた車体更新車の3000系

　3000系は、老朽化した車両の機器を流用し、新造した車体に取り付けた車体更新車である。車体は18mで両開きの3扉車、前面は8000型（原形）と同じ高運転台。側面は2000型と同じく客用扉間に窓が3枚並び、扉幅は1,300mmだが、窓や吹き寄せの幅などは異なる。運転室は3000系列内で奥行きが異なり、3000系は全体が1,113mm、3050系は運転士側のみ1,600mm、3070系は全体が1,420mmとなっている。2・4・6両編成があり、1996年まで東武最後の非冷房車として活躍した。形式は種車の主電動機出力などで分けられており、97kwが3000系、110kwが3050系、3070系である。

　3000系は1964年から登場し、主に32系から改造。この中には1926年製の「客車形電車」や総武鉄道の買収車も含まれていた。3050系は32系の更新が終了した1971年から、主に54系から更新された。戦前の特急車デハ10系や、第1次鋼体化車両、**戦災国電復旧車**も含まれている。3070系は54系更新に引き続き1974年から始められた。各更新で残った53系・58系から造られ、進駐軍専用列車や「フライング東上」で使われた車両も含まれている。

小泉線の竜舞駅に入線する3000系。車体は8000型だが、台車の形状に注目したい。写真/児島眞雄

旧型車の走行機器を使用するため、吊掛式の台車を履いている。写真/児島眞雄

4扉通勤車両の基礎となった7300系と7800系

戦争被害で輸送力が著しく低下している私鉄向けに、運輸省(現・国土交通省)が国鉄63形車両を各社に割り当て、東武にはモハ・クハともに20両ずつが1946年に投入され、6300系と命名された。20m車体の片開き4扉車で車体幅も大きく、当時の東武で最大の車両であった。そのため、浅草には急カーブが改良されるまで入線できず、一つ手前の業平橋(現・とうきょうスカイツリー)止まりとなっていた。輸送力の増強には最良の車両で、名鉄からも同車を受け入れ、改良を加えて使用した。その後、桜木町事故を受けて国鉄が73形と改称したのに倣い、1952年に7300系と改称された。1959年から車体の更新工事が始まり、トイレが付けられた車両も登場。1984年まで活躍をした。

7800系は、7300系を参考に、東武独自の仕様に改良した車両で、1953年から1961年の長期に渡り製造された。164両が登場し、踏切事故で廃車となった2両を除いた全車が1979年から1986年までに5000型・5050型・5070型に車体更新された。

国鉄73形と同じ外観をしている7300系。東上線の下板橋付近で1950年代後半の撮影だが、当時は2両編成だったことも驚きである。写真/児島眞雄

更新後の車体は8000型(原形)とほぼ同じで、台車・主電動機・主制御器が流用された。1980年から登場した5050型から新製冷房車となり、後に5000型も全車冷房改造された。東武最後の吊掛車両として2006年まで活躍した。

5700系に似た前面に片開き4扉の通勤車となった7800系。後年はセイジクリーム単色に塗色変更された。

用語解説 戦災国電復旧車 [せんさいこくでんふっきゅうしゃ]

戦争中の爆撃で多くの国鉄(現・JR)の電車が被害を受けたが、火災や爆風で変形した車両の中で比較的被害の少なかった車両は、修理して戦災国電復旧車として再利用された。終戦直後はGHQから車両の新製が認められず、さらに物資不足の中で輸送力を確保するために取られた措置である。

東武初の地下鉄乗り入れ車 2000型

営団地下鉄（現・東京メトロ）と他社線の初めての相互乗り入れとして、日比谷線と東武伊勢崎線が1962年に乗り入れることとなった。そこで、乗り入れ先との協定に基づいて東武が製造したのが、東武初の通勤用高性能車の2000型である。

8000型（原形）と似ているが、前面窓が低く大きいのが2000型の特徴。18m級とやや小ぶりな車体のため3扉である。

東武初の通勤用高性能電車

　2000型は、1961年から乗り入れの開始前までに4両編成10本が登場し、1964年から6両編成、1971年から8両編成と増結され、最終的に8両固定編成が合計20本となった。なお、1968・69年製の2115F〜2118Fは、交換で余剰となったDRCの台車が使用された。

　全車電動車の非冷房車で、天井には**ファンデリア**が設けられた。前面は中央に扉がある貫通型だが、連結を考慮したものではなく、当時の運輸省（現・国土交通省）が出した「電車の火災事故対策に関する処理方の一部改正について」という通達に従った「A-A様式」に基づいて設置された避難通路である。前面向かって右側の窓上には通風口、左側には運用番号の表示装置を設置している。

　車体は18mの3扉車で、プレス鋼板を使用した全鋼製の軽量車体である。客

用扉は1,300mm幅の両開き扉で、これまで東武の通勤車の標準であった1,000mm幅の片開き扉と比べ、乗降時間の短縮に貢献することが分かった。こういった車体の構造や運転台の機器配置は、のちに登場する8000型や3000系、5000型の設計に多大な影響を与えた。1988年から冷房車の20000系が登場して廃車が始まり、1993年に運転を終了した。

2000型唯一の改造車2080型

　日比谷線乗り入れ用のステンレス車・20000型の増備が続き、運用を終える2000型が増えてきた。この中で、2000型の8両編成化用で最後に組み込まれた1971年製の中間車2550形式と2650形式を活用して、1988年に野田線用の6両編成が造られた。

　2000型は全車電動車のため、野田線の使用条件に合わせて編成中央の2両は電装が解除されてサハとなった。また、全車が中間車のため新たに非貫通型の運転室が設けられ、機器類には廃車からの再利用品が利用された。

　前面は20000系列に準じた額縁スタイルで、運転室部分は行先表示器も取り込んだ大きな1枚ガラス。車掌側は幅の狭い1枚窓だが貫通扉はない。前照灯と尾灯は8000型更新車と同じく角型のケースに収められ、前面に回り込んだ青帯の中に配置されている。

　側面は運転室部分を除いて2000型時代と変更はなく、車体色は8000型などと同じジャスミンホワイトにロイヤルブルーとリフレッシュブルーの帯が巻かれた。2本が改造されたが、非冷房車であることと野田線が全線20m車で運行されることが決まり、1992年までの活躍となった。

後継の20000型に似た前面形状になった2080型。車体は普通鋼製なので、新しい東武カラーで塗装されている。写真提供／東武鉄道

用語解説　ファンデリア [ふぁんでりあ]
首を振らない扇風機のような丸型の軸流ファンで、天井に埋め込んで使用する。換気装置の一つで、自然通風器に比べて強制的に換気をすることができる。また、天井に埋め込む構造のため、扇風機と比べて室内への装置のはみ出しが抑えられ、美観を損ねないという利点がある。

TOBU 56

貨物輸送を支えた名脇役たち
蒸気機関車・電気機関車

東武鉄道の開業当初は旅客列車も貨物列車も蒸気機関車が牽引していた。東武鉄道が買収した各線は貨物輸送を目的に始まった路線が多く、電化後も蒸気機関車が牽引する貨物列車が走っていた。1966年に電気機関車に完全に切り替えられ、貨物輸送を終了する2003年まで機関車の姿が見られた。

昭和30年代までの貨物輸送の主役、蒸気機関車

　開業以来、多くのタンク機関車と**テンダー機関車**が活躍し、開業時はイギリスのベイヤー・ピーコック製の新造車両が用意された。当時、人的交流のあった日本鉄道（現・JR東日本東北・常磐線など）の影響が大きい。活躍の中心は2B形テンダー機で、2軸の先台車と2軸の大きな動輪が特徴である。自社発注分と国鉄からの転籍分があり、製造メーカーはほかにネルソンやシャープ・スチュワートなどがある。アメリカ製のボールドウィンもあったが1958年までに全廃され、イギリス製が占めていた。

　タンク機は買収鉄道分が多く、その中には1945年から1963年まで活躍した唯一の近代型機「C112」があり、現在「SL大樹」として運転しているC11形207号機と同形機である。

　戦後、貨物輸送の増加に対応するため1955年に貨物列車の電化が決定した。1958年から本格化し、側線や貨物線の電化が進められた。側線の電化が遅れている場合は電機＋蒸機で運転し、入換のみを蒸気機関車が担当する光景も見られた。1966年6月に佐野線、大叶・会沢両貨物線の電化で全線電化が完成し、蒸気機関車の引退が決まった。1966年6月26日、34号機が電車4両を牽引する蒸気惜別記念列車が運転され、30日に蒸気機関車による貨物輸送が終了した。

上板橋駅でのピーコック製蒸気機関車。写真の55号は鉄道省からの譲受車。写真/児島眞雄

貨物輸送の全盛から終焉までを支えた電気機関車たち

　東武の電気機関車は1928年製のED101形（→ED4001）に始まり、1930年から使用された。最初は日光行きの夜行列車としてサハを牽引し、貨物牽引は一部に限られていた。1944年に総武鉄道を合併し、デキ1形（→ED3001）が3両編入された。これが戦前の電気機関車の全てである。

　戦後の1948年に東芝製戦時標準形の凸形電気機関車、ED40形・ED45形（→ED4010形・ED4020形）が登場した。この頃に国鉄から電気機関車を借り入れ、1950年からED47形（→ED5000形）となったが、この箱形機関車の形態がその後の東武標準形機関車となる。

　貨物列車電化計画に伴い、1957年から1966年にかけてED5010形・ED5050形・ED5060形が合計29両増備され、蒸気機関車による貨物輸送は終了した。また、1970年には成田空港の建設に伴う砕石輸送用に、ED5080形が新東京国際空港公団の私有車として3両製造された。工事の終了した1978年に東武に全車が転籍し、貨物輸送終焉まで活躍した。

東芝の戦時標準型と呼ばれるED45形（写真は改番後のED4020形）。西新井での撮影。写真／児島眞雄

　貨物輸送は1961年度の740万トンを頂点に道路事情の変化などで、1985年野田線、1986年東上線、1989年日光線、1996年桐生・小泉線、1997年佐野・会沢線の運転が終了した。2003年9月23日に久喜〜北館林荷扱所間のタンク貨車輸送を最後に、10月1日付けで貨物営業は終了となった。ED5081とED5082は三岐鉄道に譲渡されて現役である。

伊勢崎線で貨物列車を牽引するED5060形。1994年の撮影で、タキ3両と車掌車の編成。写真／高橋誠一

用語解説　テンダー機関車
［てんだーきかんしゃ］

動力源の蒸気を生むボイラーと蒸気を回転力として車輪に伝える装置を持つのが機関車である。また、蒸気の材料である水と石炭などの燃料を保管するのが炭水車であり、この2両がそれぞれ独立したのがテンダー機関車である。タンク機関車は炭水車を省略して水と燃料を機関車に積載している。

TOBU 57

安全運行の基本を支える
東武鉄道の車両基地・工場

車両基地や工場では、車両の走行に必要な検査や保守が行われている。東武鉄道では南栗橋車両管区を中心に6カ所の車両基地で検査・修繕を実施している。また、南栗橋では1年に1度、イベントを開催して一般公開し、工場や車両基地を見ることができる。

車両の保守拠点である車両基地

　東武の車両基地は1路線群1区体制を採り、各区のもとに支所・出張所がある。本線には3カ所（南栗橋車両管区の本区、春日部支所、七光台支所）があり、東上線には1カ所（森林公園検修区）がある。機能確認を主目的とした重要部検査は、本線では本区と七光台支所、東上線では森林公園検修区で行われる。

　また、「SL大樹」の蒸気機関車・内燃機関車・貨車（車掌車）・客車の4種類の車両は、大規模な検査・修繕は南栗橋SL検修庫で行い、日常の保守を下今市機関区で行っている。

　このほかに派出所があり、本線系統では浅草・とうきょうスカイツリー・北千住・館林・新栃木、東武アーバンパークラインでは高柳、鬼怒川線では下今市と鬼怒川温泉、東上線では志木にある。これらは留置線であり、車両基地に比べて比較的近い位置で車両を見ることができる。

東上線で唯一の車両基地となる森林公園検修区。車両が所属するだけでなく、重要部検査も行われている。

とうきょうスカイツリー駅に隣接する留置線は、派出所という扱いになっている。

集約が完了した工場とその歴史

　現在、車両の総合メンテナンスを行う工場は南栗橋工場と森林公園検修区で、南栗橋車両管区（技術）が工場部門を一元管理している。南栗橋工場は、西新井工場と杉戸工場を2004年3月に廃止・統合し、翌月に新設された工場で、SLを含めた本線系統の全車両と東上線用車両の一部を担当する。

　森林公園検修区は1971年に発足した車両基地で、東上線系統の車両が所属している。もともと川越工場が東上線系統の工場として存在していたが、2020年をもって閉鎖され、東上線に所属している全車両の定期検査業務は南栗橋車両管区もしくは森林公園検修区へ移管された。南栗橋工場で検査・修繕を行う車両は、秩父鉄道経由で回送されて整備を行っている。

　東武本線の工場の歴史は、業平橋（現・とうきょうスカイツリー）に浅草工場を設け、蒸気機関車の検修を行ったことに始まる。さらに路線延長や戦災などに伴い、浅草工場・西新井工場で電車・電気機関車、杉戸工場（浅草工場が1945年に戦災で焼失したため移転）で蒸気機関車、鐘ケ淵派出所で貨車を担当する4工場体制となった。

　1955年に浅草・西新井を統合して西新井工場、杉戸・鐘ケ淵を統合して杉戸工場の2工場体制となった。のちに杉戸工場は蒸気機関車の減少とともに電気機関車、気動車、荷物電車などの電車や、1992年から6050型の検修を西新井工場から移管され、仕事量の調整が行われた。

南栗橋工場は21世紀に建てられた工場にふさわしく、鉄道の工場とは思えないクリーンさが特徴だ。

「SL大樹」の運転に合わせて新設された南栗橋車両管区のSL検修庫。最新の集煙装置を備える。

| 用語解説 | 重要部検査 [じゅうようぶけんさ] | 国交省の省令と告示による車両検査の一つ。新幹線を除く電車は、4年または走行距離が60万km未満のどちらか短い期間で、主電動機を含む走行制御装置、連結装置などの分解・整備を行う。ほかに10日以内に行う列車検査、3ヵ月以内に行う月検査、8年以内に全ての機器を分解・整備する全般検査がある。 |

鉄道会社のイメージを決定付ける 通勤電車の車体色の変遷

少し前までの東武といえば白地に青い帯を巻いた塗色か、ステンレス製車体にマルーンの帯と決まっていたが、近年のアルミ製車体の新造車は、系列によってテーマカラーが異なっている。また、鋼製車体の電車のカラーは、これまでにもいくつか変更されている。カラーの歴史をたどってみよう。

鋼体車時代の塗装

　昭和30年代まで車体色はぶどう色1色であった。1958年10月末に7850系の試験塗色車が2両編成4本造られ、業平橋で展示して検討された。7861編成はサブウェイクリーム色にカーマンレッド帯（A色）、7862編成はライトベージュ色にオレンジ帯（B色）、7863編成はオレンジ色にメディアムイエロー帯（C色）、

7864編成はグリーン色に白帯（D色）であった。この結果、1959年から車体色はインターナショナルオレンジ色にミディアムイエロー帯となった。塗色は73・78系、73系と固定編成を組んでいた20m級3扉の戦災復旧車クハ360形に行われた。

　1960年9月には新たな試験塗色として東上線の5456＋423、5455＋424がオレンジ色1色となり、翌年8月以降に73・78系を除く東上線用車両に塗装されたが、1963年6月以降は2000型に合わせて窓周りと裾がインターナショナルオレンジ、ほかはロイヤルベージュの塗色となった。

　1974年6月からセイジクリーム単色に変更され、1985年から現在

亀戸線・大師線を走る8500型では、往年のリバイバルカラーをまとっている。写真は1959年採用のインターナショナルオレンジ色にミディアムイエローの帯（C色）。

東上線・越生線の8000系列と、動態保存車の8111編成もリバイバルカラーをまとう。写真中央が1963年の塗色、左が1974年のセイジクリーム単色、右が1985年から現在までの標準色。2014年撮影。

の8000型に使用されているジャスミンホワイトに前面下部がロイヤルブルー、側面は幕板部と腰板部の下側がロイヤルブルー、腰板部の上側がリフレッシュブルーの帯という塗色となった。この塗色は3000系、5000型、野田線用の2080型、通勤車に改造された1800系で採用された。なお、2000型は1993年の引退までセイジクリーム単色のまま塗色変更されなかった。

無塗装車体のステンレス車、アルミ車の時代を迎える

1981年登場の9000系列以降の車両はステンレス製車体となり、前面と側板にロイヤルマルーンの帯が巻かれた。この色は最後のステンレス車となった30000系列まで続いた。

2004年に落成した50000型以降はアルミ車体となり、無塗装ながらテーマカラーがシャイニーオレンジに変更され、前面下部と戸袋部分に使われている。また、東上線の座席定員制「TJライナー」用の50090型は、ほかの50000系列の車両と区別するためにロイヤルブルーの帯が追加されている。

2013年に登場した東武アーバンパークライン用の60000系はフューチャーブルーを前面と幕板部に使い、戸袋にブライトグリーンを使用。同年に同線に転属した10030型は従来の帯色からフューチャーブルーに変更し、さらに幕板にはブライトグリーンの帯が新たに入った。

2017年から登場した日比谷線直通用の70000系はイノベーションレッドとピュアブラックの2本の帯を腰板に、前面周囲から幕板上部にかけてはイノベーションレッドの帯が続く新たなカラーを採用。前面の下部にピュアブラックが配されて、両車端部の戸袋にエナジードットの模様がアクセントとして描かれている。

ステンレス製車体では鋼製車の寒色系の青帯では寒々しいと、暖色系のロイヤルマルーンの帯が採用された。写真は10030型。

| 用語解説 | 幕板
[まくいた] | 車体の側板を外側から見て、窓の上縁から雨樋までの部分を指す。窓周囲の強度不足を補うため構体（フレーム）には上帯があり、上帯を覆うように幕板の下端を取り付けている。昔はさらに幕板を覆うように帯板が窓上部に付けられ、ウインドヘッダーと呼ばれた。 |

熊谷線の気動車・キハ2000形

「カメ号」と呼ばれた半流線形のディーゼルカー

1983年に廃止された熊谷線（熊谷～妻沼間）で活躍したキハ2000形は、東武が唯一新製発注した気動車で、1954年に東急車輌で3両が造られた。車体は正面2枚窓の湘南型16m車で乗務員扉はない。10組のクロスシートを持つセミクロスシート車で、片隅運転台の反対側はロングシートが前面窓まで伸び、前面展望には最高の場所であった。

側窓は下段が上昇式、上段がHゴム固定窓だが、一段奥まっているため見た目は2段窓のように見える。車体色は登場時、国鉄（現・JR）の気動車用標準色と同じ黄褐色2号（クリーム色）と青3号だったが、1963年から東武電車の一般色の変更に合わせてローヤルベージュとインターナショナルオレンジとなり、1975年からセイジクリーム単色となった。

台車は戦前の気動車から採用されている軽量の菱枠形台車で、エンジンは120馬力の水冷式である。液体変速機を持ち、総括制御機能を生かして混雑時は2連で運転された。なお、細部は異なるがロングシート車版の同形車に加越能鉄道キハ120形（関東鉄道→鹿島鉄道キハ431、キハ432）がある。

現在、キハ2002が旧妻沼駅近くの熊谷市立妻沼展示館で保存されている。屋根の下にあるので保管状態はよく、車内の見学もできる。

湘南顔の小さなディーゼルカーだったキハ2000形。ラッシュ時は2両で、通常は1両で走り、カメ号と呼ばれて親しまれた。写真/児島眞雄

熊谷市立妻沼展示館で静態保存されているキハ2000形。

CHAPTER 5 第5章

東武鉄道の
歴史がわかる

1897年11月1日に設立登記をした東武鉄道。以来、120年以上にわたって東京と北関東を結ぶ鉄道として歴史を重ねてきた。その間には経営不振の時期や戦争に翻弄された時代などもあったが、創業以来の社名のまま今日まで鉄道を走らせ続けてきた大手私鉄は実はわずかしかない。21世紀の幕開けから間もなく東京スカイツリー ® が開業し、東武鉄道は新たなステージに突入した。

設立以来の社名が続く東武鉄道 中小私鉄を合併し関東私鉄の雄に成長

東武鉄道は1897年に設立され、1899年に運行を開始した大手私鉄である。設立以来の社名が現在まで続いている鉄道会社は非常に少なく、特筆される。北関東の中小私鉄を合併し、一時は路面電車も運行していた。一方で、基幹路線の電化や複線化といった輸送力の増強にも対応し続けてきた。

買収・合併で拡大したネットワーク

　東京を中心に北関東に路線網を有する東武鉄道は、繊維産業が盛んだった群馬県・栃木県の両毛地域と東京を結ぶことを目的にして1897年に設立された。発起人は川崎銀行の創始者で東京川崎財閥の総帥でもある川崎八右衛門を中心に、東京・横浜の実業家たちだった。1899年、北千住〜久喜間で蒸気機関車による運行を開始。1902年には吾妻橋（現・とうきょうスカイツリー）まで、1910年には伊勢崎まで延伸し、東武の本線的機能を担う伊勢崎線の骨格が完成する。

　その後、東武は自社による線路建設に着手する一方で、1912年に佐野鉄道、翌13年に太田軽便鉄道、1920年に東上鉄道、1937年に上州鉄道、1943年に下野電気鉄道と越生鉄道、1944年に総武鉄道を合併・買収し、路線網を拡大させた。千葉県営鉄道をルーツとする総武鉄道は、京成の初代社長を務めた本多貞次郎が経営に関与していたが、戦時中の陸上交通事業調整法によって東武と合併する。

　買収・合併で路線網の拡大を図っていた中でも、既存路線の電化・複線化に取り組んでいた。1929年には日光線の杉戸（現・東武動物公園）から東武日光までを一挙に電化・複線で開業した。

　歴史が長くエリアが広い東武では、現在は廃止された路線も多い。伊香保軌道線は高崎線・前橋線・伊香保線の3路線を有し、総延長約50kmという広大な路面電車網を構築していたが1956年に廃止。日光駅前からいろは坂の入口近くまでを走る路面電車の日光軌道線は1968年に全廃された。日光軌道線の終点・馬返から明智平とを結ぶケーブルカー（日光索道線）も、日光軌道線の廃止に伴って1970年に廃止された。1943年から運行開始した熊谷線は、複線だった日光線の線路を一部単線化して線路資材を確保。小泉線と接続させる計画だったが、熊谷〜妻沼間の開業にとどまった。

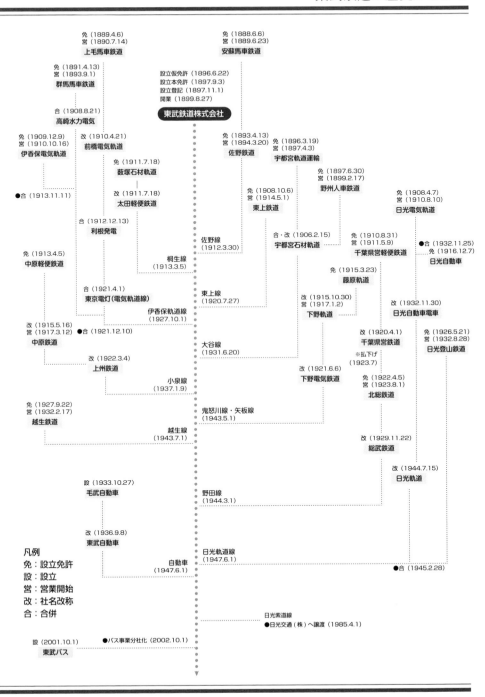

免（1889.4.6）
営（1890.7.14）
上毛馬車鉄道

免（1888.6.6）
営（1889.6.23）
安蘇馬車鉄道

免（1891.4.13）
営（1893.9.1）
群馬車鉄道

設立仮免許（1896.6.22）
設立本免許（1897.9.3）
設立登記（1897.11.1）
開業（1899.8.27）
東武鉄道株式会社

合（1908.8.21）
高崎水力電気

免（1909.12.9）
営（1910.10.16）
伊香保電気軌道

改（1910.4.21）
前橋電気軌道

免（1893.4.13）
営（1894.3.20）
佐野鉄道

免（1896.3.19）
営（1897.4.3）
宇都宮鉄道運輸

免（1911.7.18）
薮塚石材軌道

免（1897.6.30）
営（1899.2.17）
野州人車鉄道

免（1908.4.7）
営（1910.8.10）
日光電気軌道

●合（1913.11.11）

改（1911.7.18）
太田軽便鉄道

免（1908.10.6）
営（1914.5.1）
東上鉄道

合（1912.12.13）
利根発電

合・改（1906.2.15）
宇都宮石材軌道

免（1910.8.31）
営（1911.5.9）
千葉県営軽便鉄道

●合（1932.11.25）
免（1916.12.7）
日光自動車

免（1913.4.5）
中原軽便鉄道

桐生線
（1913.3.5）

佐野線
（1912.3.30）

免（1915.3.23）
藤原軌道

合（1921.4.1）
東京電灯（電気軌道線）

東上線
（1920.7.27）

改（1915.10.30）
営（1917.1.2）
下野軌道

改（1932.11.30）
日光自動車電車

伊香保軌道線
（1927.10.1）

改（1915.5.16）
営（1917.3.12）
中原鉄道

●合（1921.12.10）

大谷線
（1931.6.20）

改（1920.4.1）
千葉県営鉄道

免（1926.5.21）
営（1932.8.28）
日光登山鉄道

改（1922.3.4）
上州鉄道

小泉線
（1937.1.9）

下野電気鉄道
（1921.6.6）

※払下げ
（1923.7）

免（1922.4.5）
営（1923.8.1）
北総鉄道

免（1927.9.22）
営（1932.2.17）
越生鉄道

鬼怒川線・矢板線
（1943.5.1）

越生線
（1943.7.1）

改（1929.11.22）
総武鉄道

設（1933.10.27）
毛武自動車

野田線
（1944.3.1）

改（1944.7.15）
日光軌道

改（1936.9.8）
東武自動車

日光軌道線
（1947.6.1）

自動車
（1947.6.1）

●合（1945.2.28）

凡例
免：設立免許
設：設立
営：営業開始
改：社名改称
合：合併

日光索道線
●日光交通（株）へ譲渡（1985.4.1）

設（2001.10.1）
東武バス

●バス事業分社化（2002.10.1）

1895-1919
東武鉄道と東上鉄道の創立

伊勢崎線と東上線は、別々の会社として設立された。創立後に早くも経営危機を迎えた東武鉄道は根津嘉一郎を社長に迎えて再建。その手腕を請われて東上鉄道の社長にも就任し、両社は離れた場所に路線を持ちながらも、同一人物が社長として経営に辣腕を振るった。

根津嘉一郎が社長に就任し経営を再建

　東武鉄道は、鉄道会社の統合・合併を経て、現在に至っている。その中で最も古い路線は、石灰石を運搬する目的で1889年に葛生〜吉水間で開業した安蘇馬車鉄道で、現在の佐野線の一部区間にあたる。

　東武鉄道が創立したのは1897年。このときの計画では、栃木の足利と東京の本所を結ぶ路線だったが、そのほかにも千住と越中島を結ぶ支線も計画されていた。両線は当時の主要輸出品である機織産業が盛んな両毛地域（群馬・栃木）と東京湾を結び、迅速に輸出することを目的としていた。しかし、千住〜越中島間の申請は却下され、足利〜千住間だけが許可された。こうして、1897年に東武鉄道が創立。1899年には北千住〜久喜間で蒸気機関車列車の運行が開始された。

　以降、東武は少しずつ路線網を拡大させてい

開業に備えて1897年にイギリスのベイヤー・ピーコック社に発注されたタンク機A1形。後年は主に構内の入換で1939年まで使用された。写真提供／東武鉄道

経営不振の東武鉄道を発展させた初代・根津嘉一郎。その実績から、他社からも社長に請われて就任した。写真／国立国会図書館

くものの、経営的には奮わなかった。不振の東武を再建するため、**根津嘉一郎**が社長として招聘された。甲州出身だった根津は、以前から同郷の先輩実業家である若尾逸平から薫陶を受けていた。若尾は「あかり」と「のりもの」は時代が変わっても絶対に需要がなくならないビジネスだと説いており、根津が東武の社長を引き受けた背景には若尾の思想が大きく影響していた。

社長に就任した根津は経営刷新を図るとともに、機業地の足利・伊勢崎への乗り入れこそが東武の生命線と考え、線路を北へと延ばした。1910年には伊勢崎線が全通。同時に根津は観光需要を取り込むべく、お雇い外国人に人気の保養地になっていた日光への進出も模索した。

会社設立まで時間を要した東上鉄道

後年に東武と合併する東上鉄道は、川越の有力者たちが中心になって創立された。しかし、大きな資本家がいなかったこともあり、資金の算段が付かなかった。そのため、東武鉄道の根津を頼った。それでも資金繰りは思わしくなく、仮免許の申請から創立総会開催までに約8年を要した。

1911年、ようやく東上鉄道が発足。東武より14年遅い船出だった。社名は東京と上州を結ぶことを目的にしていたので、それぞれの地名から一文字ずつ取った。また、東上鉄道の初代社長は東武社長の根津が兼任。そうしたゆえんから、東上鉄道は発足当初から本社を東武鉄道社内に置き、経営面は根津にほぼ一任されていた。そして、東上鉄道の車両は根津と関係が深い高野登山鉄道(現・南海電鉄)から購入した。

当初の東上鉄道は、起点を現在の巣鴨近辺に想定していた。しかし、日本鉄道が池袋駅を開業して以降、池袋は急速に都市化しはじめ、東上鉄道は起点を池袋駅に変更。1914年に池袋〜田面沢間(現在の川越市駅以北の路線とは異なる)を開業させた。

下板橋駅構内の鉄道用地内に立つ「東上鐵道記念碑」。開業に向けて奔走した内田三左衛門の功績を讃える。

用語解説	根津嘉一郎 [ねづ かいちろう]	1860年、山梨県生まれ。県議会議員を経て、実業の世界に入る。日本郵船や東京電灯の株式で財産を築き、1905年に東武の社長に就任。各地の鉄道会社の経営に関与したり、出資したことから鉄道王と呼ばれる。美術や茶道などにも造詣が深く、東京・南青山には収集品を集めた根津美術館がある。

>>> 1920-1940
# 東武鉄道と東上鉄道が合併、日光線開業

根津嘉一郎が社長を務めていた東武鉄道と東上鉄道は、経営合理化のため合併した。しかし、線路はつながっていないため、両線を結ぶ路線が企図された。一方で、外国人にも人気の高い日光への観光輸送を目的に日光線を全通。さらに浅草の繁華街への乗り入れを果たし、現在の主要幹線ができ上がった。

東上鉄道を合併し、両社線を結ぶ西板線の計画が浮上

　開業を果たしたばかりの東上鉄道だったが、両社とも根津が社長を務めていた。そうした事情から、1920年に東武と東上は合併。両社は建設資材や車両などの購入を一括するようになり、経営の合理化が図られた。

　しかし、東武と東上の線路はつながっていなかった。合併したからには、線路をつなげて両社間を行き来するような列車の運行も検討され、1922年に具体化する。伊勢崎線西新井駅から分岐して旧東上鉄道の上板橋駅とを結ぶ西板線の建設計画が、株主総会で決議されたのだ。そして東武は用地の買収を開始したが、翌23年9月に関東大震災が起こり、建設資材の調達が難しくなった。

　西板線の用地取得は難航したが、すでに認可を得ている西新井〜鹿浜間にある西新井大師周辺から強い要望があり、西新井〜大師前間の工事に着手。1931年12月20日に電車運転を始めた。だが、昭和恐慌の不況もあって以遠の延伸はできず、鹿浜〜上板橋間の建設を断念。西板線は未完のまま現在に至っている。大師線はたった1駅の短い路線だが、関東三大師でもある西新井大師の最寄駅でもあるため、正月などは多くの人出でにぎわう。

西板線の計画概略図。大師前からさらに西進し、上板橋を結ぶ計画だった。図版／東武鉄道百年史より

また、用地買収が進められていた武蔵常盤（現・ときわ台）駅前の広大な土地は、東武の高級住宅街として語り継がれる**常盤台**となった。

1939年作成の「東武鉄道直営　常盤台住宅地案内図」。プロムナードやクルドサックのある道も分かる。放射状の街の造りは田園調布を参考にしている。写真提供／東武鉄道

東武の線路が隅田川を渡る

1929年10月1日、東武は杉戸（現・東武動物公園）～東武日光間の日光線を全線複線電化で開業。同年10月10日から浅草～東武日光間で特急電車の運行を不定期で開始した。これにより東京と日光の日帰り往復が可能になった。東武の競合相手だった省営鉄道はSLでの運行だったためスピードが遅く、車内が煙たくなることもマイナスに働き、東京～日光間では東武が乗客から絶大な人気を得た。

日光輸送で優勢に立っていた東武は、その一方で隅田川の西側に進出できずにいた。隅田川西岸には江戸期から庶民の街として栄えてきた浅草があり、浅草の向こうには帝都の北の玄関駅となっている上野もある。

ここに線路を延ばせれば、東武の利用者は飛躍的に増加する。そう考えた根津は、手始めに隅田川西岸の花川戸（現在の浅草）駅までの線路延伸を出願した。根津は花川戸まで線路を延ばし、最終的には上野までの延伸も考えていた。

1931年5月25日に東武の線路は隅田川を越えて浅草雷門（現・浅草）駅に到達。上野までの延伸は叶わなかったが、浅草という都心に進出する悲願を達成した。

1931年5月24日に竣工し、翌25日に開業した浅草雷門（現・浅草）駅の絵はがき。浅草駅ビルは同年11月1日のオープンで、百貨店の浅草松屋が入店した。当時、日本一大きなターミナルビルだった。

用語解説

常盤台
[ときわだい]

ときわ台駅の北側に広がる高級住宅街。街を一周するプロムナード（環状の散歩道）やクルドサック（袋路）、人だけが通行できるフットパスなどを設ける。また、街全体が猥雑にならないよう、一画の下限面積も規定。こうした取り組みにより高級感を保ち「板橋の田園調布」とも称される。

1941-1955
太平洋戦争に翻弄された東武鉄道

太平洋戦争は鉄道のみならず、日本各地に甚大な被害をもたらした。戦前の東武は、陸上交通事業調整法により周囲の私鉄と次々に合併。現在の広大な路線網ができ上がった。一方で戦後は進駐軍の管理下に置かれ、日光線には連合国軍専用列車が運転され、上板橋から啓志線が敷設された。

戦時色が強まり、悲喜こもごもの東武各線

　日中戦争が開戦した翌年の1938年、政府は陸上交通事業調整法を制定。同法が制定された背景には、乱立気味だった鉄道事業者をまとめることで無駄な競合を避けるとともに省エネルギー化を図ることがあった。

　それまでにも中小の私鉄と統合して規模を拡大していた東武は、同法によって1943年に下野電気鉄道(現・鬼怒川線)と越生鉄道(現・越生線)を、1944年に総武鉄道(現・野田線)を合併。これにより、東武は北関東一円に巨大な鉄道ネットワークを築くことになった。

　その一方、小泉線や熊谷線の沿線には軍需工場や軍関連施設が多く立地していた。そうしたことから、政府は東武に兵員・物資輸送を増強・優先させるよう指示した。東上線は板橋や朝霞などに軍関係施設や軍需工場が多かったため、頻繁に運転することが求められた。さらに、軍事の観点から武蔵常盤(現・ときわ台)〜上板橋間に新常盤駅の開設も進められた。新常盤駅は未完に終わったが、東武沿線は沿線自治体から「東上線を国有化してほしい」との請願も出されるなど、

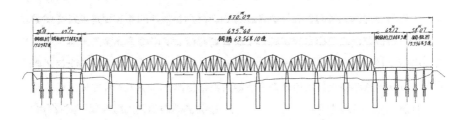

熊谷線利根川橋梁設計図

熊谷線の妻沼から小泉線の新小泉間に架かる、総径間877.72mにも及ぶ利根川橋梁の設計図。資材不足の折、橋脚、トラス桁には他路線からの発生品が調達された。図版/東武鉄道百年史より

戦時色が濃くなるにつれて国の重要幹線としての役割が増していった。

　東上線が活況を見せる一方で、そのあおりを受けた路線も多い。日光線の合戦場〜東武日光間は政府から不要不急と判断され、1943年から順次、複線だった日光線の線路は資材供出のために単線化された。また、東武に組み込まれたばかりの越生線も不要不急との理由から全線が営業休止に追い込まれている。

　1944年には、東武が運行していた特急列車は全て運転休止させられ、翌年には全列車が普通列車に格下げされた。

進駐軍専用列車が走った東武の戦後

　敗戦後、日本の鉄道は進駐軍の管理下に置かれ、館林駅、西小泉駅、朝霞駅、練馬信号所には連合軍総司令部の下部機関で鉄道組織を監督するRTO（Railway Transportation Office）が設置された。RTOにより、国鉄を含む国内の鉄道会社は自分たちの裁量で列車を運行することが難しくなった。日光は進駐軍兵士に人気の観光地で、1948年になるとほぼ毎週末にわたって浅草〜東武日光間で連合国軍専用列車が運転された。

　東上線も進駐軍の影響を大きく受けている。戦前に成増飛行場として使用されていた敷地は、戦後に進駐軍が接収。成増飛行場はアメリカ軍の兵舎・家族宿舎が立ち並ぶグラントハイツに転換され、ここに通じる鉄道が建設されて啓志線と

名付けられた。啓志線は上板橋駅に到着した後、そのまま東上線に乗り入れる配線構造になっていた。さらに、GHQは東上線の列車が国鉄にも乗り入れて東京駅まで直通できるように池袋駅の配線を変更した。

　グラントハイツは1973年に全面返還されるが、啓志線はそれよりも前の1957年に廃止された。

戦後の資材不足の中、運輸省から割り当てられた6300系（写真は改良型の7300系）。従来の東武電車よりも車体が大きいため設備が見直され、その後の車両の大型化に対応しやすくなった。写真／児島眞雄

用語解説

新常盤駅
［しんときわえき］

東武東上線の武蔵常盤〜上板橋間に計画された幻の駅。現存する資料は少なく、全容解明はされていない。1943年1月26日付けで東武から青梅鉄道（現・JR青梅線）、秩父鉄道、西武鉄道、越生鉄道（現・越生線）に新駅設置を通知した書類が2011年に発見されて、存在が明らかになった。

TOBU 63

1956-1972
戦後から脱却して、高度経済成長の波に乗る

東武鉄道には首都圏の通勤輸送と、日光への観光輸送という2つの側面がある。戦後の旅行人気の中で、東武は観光輸送に注力し、国鉄と激しい競合をしたのは語り草になっている。一方で首都圏近郊にはニュータウンが開発され、東武は路線の複線化や車両の増結をして、輸送力を強化していった。

日光輸送で国鉄との対決を制す

東武の戦後復興は、父から東武を受け継いだ2代目・根津嘉一郎が主導していく。「もはや戦後ではない」と経済白書に記載された1956年、東武沿線の戦災復興も着実に進んでいた。経済成長を遂げる日本では、新たに旅行がレジャーとして人気になり、なかでも日光は国内屈指の観光地として注目されていた。

東武は自社沿線の日光を最大の観光コンテンツとして捉え、観光需要を掘り起こそうとした。しかし、日光には国鉄も線路を延ばしており、この頃から東武と国鉄との間で熾烈な競争が起きていた。そうした日光輸送の争いに勝つべく、東武が繰り出した秘策が1700系の投入だった。最新技術を採り入れた1700系はカルダン駆動方式と軽量車体による高性能電車で、浅草～東武日光間を1時間59分で走破するという驚異的なスピードを可能にした。座席のシートピッチは国鉄のグリーン車並みの1,700mmで、リクライニングシートという豪華さだった。車内にはビュッフェが設置されており、サービスも充実していた。

その後、国鉄は始発駅を上野から東京に変えて利便性を向上させるとともに、準急「日光」の運行を開始。準急という種別に対してキハ55系や157系といった破格の車両を投入して東武への対抗心を露わにした。

東武はさらなるサービス充実のため、1960年に「デラックスロマンスカー（DRC）」の愛称で親

日光輸送の競合で、東武のリードを確実なものにした1700系。逆三角形のヘッドマークと太い白帯が特急車の証。写真／辻坂昭浩

しまれた1720系の運行を開始。これで、日光輸送は完全に東武が掌握することになった。

国鉄はサービス・料金・所要時間で勝る東武の相手ではなくなり、日光への競争は東武に軍配が上がった。以降、国鉄は完全に白旗を上げた状態になり、1982年には日光線から急行が消え、東北本線から日光線へ直通する列車も減少していった。

日光連山を背にした1720系DRC。ボンネットのある非貫通型で、特急らしい顔立ちで人気を集めた。写真提供／東武博物館

高度経済成長で沿線は一気に宅地化

東上線では戦後復興によって沿線の宅地開発が進み、ラッシュ時の混雑が激化していた。そこで東武は1956年に婦人専用車を導入。また、それまで東上線の貨物列車は蒸気機関車で運行していたが、1959年4月に全面的に電気機関車に切り替えた。これにより、東武からSL運行は消滅した。

大宮〜柏〜船橋といった東京近郊のニュータウンを結ぶ野田線も1950年代後半になると沿線人口が増加し、それに伴って輸送人員も爆発的に伸びていった。そこで野田線の輸送力を高めるために複線化工事を進め、段階的に複線区間を延ばした。さらに1972年から4両編成だった電車を6両編成へと順次、切り替えていった。

一方、伊勢崎線も、1962年に北千住駅を介して営団地下鉄（現・東京メトロ）日比谷線との相互乗り入れを開始した。都心へのアクセスが向上し、通勤需要が拡大。沿線の宅地化がさらに進んだ。

用語解説 **2代目・根津嘉一郎** [にだいめ・ねづ かいちろう]

鉄道王と呼ばれた初代・嘉一郎と比べるとあまり目立たない存在だが、2代目・嘉一郎は社長在任が53年と長く、経営手腕に優れていた。社長在任中は設備や車両の近代化や労働組合との折衝、観光地開発などを推進。東武の中興の祖と称される。教育事業や文化事業などにも力を入れた。

⟩⟩⟩ 1973-1990
都市部の輸送量が増え続けた高度経済成長期

1970年代の東武沿線は住宅が増え続け、輸送量も増大の一途をたどった。北千住〜草加間は他の私鉄に先駆けて複々線化されて増発に対応。さらに北千住駅での乗り換え人員を減らすため、業平橋（現・とうきょうスカイツリー）駅も改修された。東上線も有楽町線との乗り入れを開始した。

伸び続ける需要に対応する複々線化

　北千住から営団地下鉄（現・東京メトロ）日比谷線に乗り入れることによって、東京都心部とつながった伊勢崎線の沿線人口は、高度経済成長以降も増加の一途をたどった。それに比例して、東武で通勤・通学する利用者も増加。伊勢崎線は1時間に30本の電車を運転していたが、それでも輸送力は限界に達していた。

　需要増に対応するため、東武は北千住以北の複々線化に着手。1974年には北千住〜竹ノ塚間の複々線化が完成し、増発を可能にした。その後も複々線区間は北へと延び続け、1988年には草加までが高架複々線化された。

　混雑緩和を目的にした輸送力の増強策は、複々線化だけにとどまらない。当時、東武に押上駅はまだなく、都営地下鉄浅草線を利用する乗客は北千住で日比谷線に乗り継ぎ、人形町から浅草線に乗り換えていた。そうした事情から、ラッシュ時間帯の北千住はホームから人が溢れるようになり、安全面が問題視された。

　そこで、安全対策の一環として業平橋（現・とうきょうスカイツリー）駅のホーム増設工事が実施された。それまで業平橋のホームは6両編成分の長さしかなく、8両編成の電車に対応できていなかった。また、ターミナルの浅草駅は隅田川を渡った直後にあり、カーブした線形という構造もありホームの延長工事が難しいという事情もあった。業平橋のホーム延長工事は1990年に完成し、8両編成の電車に対応可

日比谷線との直通運転初日に運転された花電車。右は東武2000型、左は営団3000系。写真提供／東武鉄道

能とした。これに伴い、東武では業平橋から京成・押上駅への連絡通路を新設。業平橋駅は京成・都営浅草線の押上駅とつながり、混雑緩和を目的とした押上駅迂回乗車制度が開始された(1997年3月31日まで)。

新駅開業と有楽町線との乗り入れ開始

　東上線の沿線でもニュータウン開発は盛んで、沿線人口は爆発的な伸びを見せていた。東上線では1970年代から新駅を続々と設け、1974年に朝霞台駅、1979年に若葉駅と柳瀬川駅が新たに開業している。若葉駅は**日本住宅公団**(現・都市再生機構)が造成した若葉台団地、柳瀬川駅は鹿島建設が進めた志木ニュータウンの玄関駅としての役目を担った。さらに構内配線やホーム延長工事が進められ、1976年11月から10両編成の電車の運行を開始した。

　1987年8月25日には、営団地下鉄(現・東京メトロ)有楽町線が和光市駅まで延伸し、相互乗り入れを開始。合わせて和光市〜志木間は複々線化された。有楽町線を介して都心部まで直通することで、成増〜池袋間の混雑緩和が図られた。

　こうした都市部の輸送量増大により収入は順調に伸びていったが、人件費や設備費用の支出が多く、東武全体では減収が続いていた。特に貨物部門、自動車部門は慢性的な赤字に悩まされ、1970年以降は貨物駅の集約化、路線バスのワンマン運転を実施。さらに1973年には日光線8駅、鬼怒川線3駅の無人化を行い、1983年には懸案の熊谷線を廃止した。一方で、開発事業を柱とする部門は好調で、1973年に不動産部門を強化する改組が行われた。

　なお、創立80周年記念事業として、1981年に東武動物公園が埼玉県宮代町に開設された。合わせて最寄りの杉戸駅は東武動物公園駅に改称された。

開業時から経営不振が続いた熊谷線だが、1983年5月31日で廃止となった。最後は鉄道友の会東京支部などが作成したヘッドマークが掲げられた。

用語解説	日本住宅公団 [にほんじゅうたくこうだん]	戦後の住宅難を解消するべく、鳩山一郎が設立に奔走した特殊法人。初代総裁の加納久朗は東京湾の埋め立てや皇居の多摩移転を提案するなど大胆な発想力の持ち主で、後に千葉県知事に就任している。1981年に住宅・都市整備公団に改組。現在は都市再生機構(UR都市機構)となっている。

TOBU 65

1991-2003
輸送力の増強と混雑緩和が課題に

1990年代に入ると都市部のマンション増加と戸建て住宅の郊外化がますます進み、東武の中でも伊勢崎線、野田線、東上線は利用者数が増加の一途をたどった。そんな中、東上線のターミナルにある東武百貨店本店が大規模リニューアル。当時は池袋の地位が向上中で、それを象徴する店舗となった。

急速に進む東上線・野田線の宅地化

1987年8月25日に営団地下鉄（現・東京メトロ）有楽町線との相互乗り入れを開始して以降も、東上線沿線の宅地化は顕著に進み、また利用者も急増した。都市型鉄道へと変貌する東上線では新駅の開業が相次いだが、それと並行してラッシュ時の混雑をスピーディーにさばくため、1992年3月1日に池袋（北口）・みずほ台・川越・高坂の4駅に自動改札機が導入された。これを皮切りに、各駅で自動改札機が普及していく（同日に伊勢崎線の松原団地、新田にも設置。なお、東武としての初導入は1972年の西新井駅）。

そして、東上線のターミナル駅・池袋に存在感を示していた東武百貨店がリニューアルオープンを果たした。改築・増床した東武百貨店本店は、8万2963㎡という日本最大級の総売り場面積を誇り、日本有数の百貨店として東武の名を沿線外にも広めることに一役買った。

東武百貨店のリニューアルオープンにより、東上線はますます勢いづく。

グランドオープンした東武百貨店（中央）。写真右のメトロポリタンプラザビルと合わせ、池袋西口は大きく生まれ変わった。
写真提供／東武博物館

1993年には、東武によるニュータウン「アイムふじみ野」の分譲を開始。ニュータウンの街開きにより、新たにふじみ野駅が開業した。駅の追加で所要時間が長くなることが懸念されたが、東武はダイヤを改正して、最高速度を95km/hから100km/hへと引き上げて所要時間を短縮させた。

延伸開業で半蔵門線と相互乗り入れ

　沿線の宅地化により、野田線でも沿線人口が急増していた。当時の野田線は単線区間が多く残り、増発にも限界があった。東武は複線化を急いでいたが、用地買収・建設工事などが必要ですぐには解決できない。しかし、輸送力の増強は一刻を争う喫緊の課題だった。そこで、野田線の電車を20m車で統一し、単線区間が残るハンデの克服を図った。

　また、伊勢崎線の利用者数は日比谷線との直通運転以降増加を続け、特に北千住駅は業平橋駅を改良しても混雑が激しく、ラッシュ時はホームから人が溢れるほどだった。そこで、1997年に1階を伊勢崎線、2階をコンコース、3階を日比谷線とする3層構造に駅を改良。駅の重層化によって北千住の混雑による危険は低減した。

　2003年には**曳舟駅**から押上まで分岐する区間が開業し、営団地下鉄（現・東京メトロ）半蔵門線との相互乗り入れが開始された。これにより北千住を経由して都心部に通勤・通学していた乗客が、押上から半蔵門線経由で都心に向かうようになり、利用者は分散。北千住の混雑はさらに緩和された。

　なお、1993年4月24日には栃木県の鬼怒川地区にテーマパーク「東武ワールドスクウェア」がオープンしている。

3層構造になり、ラッシュ時の駅機能が大幅に向上した北千住。写真提供／東武博物館

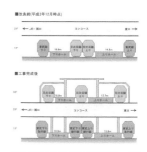

北千住駅大改良工事の概要図。日比谷線と東武線を分け、線路数も合計7線に増やされた。図版／東武鉄道百年史より

用語解説	曳舟駅 ［ひきふねえき］	1902年4月1日に開業した伊勢崎線の駅で、北千住〜吾妻橋（現・とうきょうスカイツリー）間の延伸時に開設された。東武スカイツリーラインと亀戸線が分岐する重要な駅となっている。近隣に京成曳舟駅があるものの、別の駅として扱われる。2017年に、駅ビルに東京曳舟病院が開院した。

2004-
TJライナーの運行開始と東京スカイツリー®開業

貨物輸送の廃止で空き地となっていた業平橋貨物駅の跡地に、新たな電波塔が誘致され、2012年2月29日に東京スカイツリー®が竣工。これに合わせて駅名の改称や路線愛称の設定が行われた。また、2008年には東上線に通勤ライナーの「TJライナー」が設定され、成功を収めている。

東上線に「TJライナー」が登場

　2005年8月24日、東京・秋葉原と茨城・つくばとを結ぶつくばエクスプレス（TX）が開業。同線と野田線との交点に、流山おおたかの森駅が新設された。2007年には同駅に隣接して「流山おおたかの森S・C」がオープン。2018年にはTXの高架下に商業施設「こかげテラス」が開設されるなど、開発が進んでいる。TXは北千住にも駅を開設し、伊勢崎線との乗り換え需要も生まれ、北千住駅の重要性がいっそう高まることになった。

　東上線では、2005年3月17日に嵐山信号場まで複線化が完成。ダイヤも改正されて、輸送力の増強が図られた。一方、池袋〜寄居間の直通列車は消滅し、東上線は池袋〜小川町間と小川町〜寄居間とで運行系統が分断された。また、池袋〜小川町間は10両編成で運行されるが、小川町〜寄居間は4両編成のワンマン運転に切り替えられた。2020年10月には東武竹沢〜男衾間に新駅のみなみ寄居が開業した。

　2008年6月14日に東京メトロ副都心線が開業し、東上線との相互乗り入れを開始。同時に東上線はダイヤが改正され、特急が廃止。快速急行と、平日夕方の

つくばエクスプレスとの交点に設けられた流山おおたかの森駅。東武野田線は地平を、つくばエクスプレスは右上の高架を走る。

2008年に投入された座席定員制列車「TJライナー」。登場から10年が過ぎ、東上線利用者にすっかり定着している。

下りに座席定員制列車の「TJライナー」が新たに登場した。「TJライナー」は池袋を出発すると、次の停車駅はふじみ野という速達列車。池袋駅から乗車する場合だけ、座席料金を支払うシステムになっている（下り）。

　座席定員制列車の先駆けとなった「TJライナー」は、ビジネスマンやOLなどから好評を博し、2016年には平日午前の上り列車も新設された。この列車の成功により、ロング／クロス転換式シート車両を導入して、着席できる**通勤ライナー**を設定する会社が増えている。2019年3月からは座席指定制が導入され、チケットレスサービスまたは自動券売機の座席表から希望の座席を事前購入できる。2020年からは伊勢崎線と東京メトロ日比谷線の直通列車にも「THライナー」が設定された。

東武スカイツリーラインの愛称を制定

　2012年2月29日、業平橋駅前に東京スカイツリー®が竣工。その足元には、東京スカイツリータウン®がオープンした。最寄駅となる業平橋駅は、これを機に3月17日ダイヤ改正でとうきょうスカイツリー駅に改称。東京メトロ半蔵門線と接続する押上駅にはスカイツリー前の副駅名称が付けられた。

　また、伊勢崎線の浅草・押上〜東武動物公園間は東武スカイツリーラインの愛称が付けられた。これは、東京スカイツリータウンと日光・鬼怒川地区等との結びつきをより深めることと、東武沿線をはじめとする首都圏全域に東京スカイツリータウンをより身近に感じてもらうことを目的に制定された。合わせてエリアごとに体系化された駅ナンバリングと色使いが導入された。

　2020年6月には浅草〜東京スカイツリー間の鉄道橋に沿って隅田川を渡る「すみだリバーウォーク®」と、北十間川沿いの高架下に商業施設「東京ミズマチ®」が開業し、観光需要を喚起している。

2012年に竣工した東京スカイツリー。新たな東京名所として、日本はもとより海外にも広く知られている。

用語解説	通勤ライナー ［つうきんらいなー］	ラッシュ時の着席ニーズに応え登場した、運賃以外に料金を必要とする優等列車。主に平日のラッシュ時に運転され、東武では東上線の「TJライナー」、東武スカイツリーライン・東武アーバンパークラインの「スカイツリーライナー」「アーバンパークライナー」がある。

⫸ 日光輸送をめぐる国鉄との競合から 相互乗り入れへ

かつて東武と国鉄は、日光輸送を巡って激しいバトルを繰り広げた。東武の圧倒的な優位により国鉄は勢いを落とし、いつしか直通列車すらなくなっていた。しかし時は巡り、ライバルは鉄道からマイカーやバスに移っていった。両社は手を結び、「スペーシア」はJR新宿駅に姿を見せるようになった。

国際観光地・日光を巡るバトル

日光は日本を代表する観光地である。日光への参詣は江戸期から庶民の間で広まっていたが、基本的に道中は徒歩になるため江戸から10日前後を要し、気軽に行くことはできず、庶民の憧れでもあった。

1890年、日本鉄道が宇都宮〜日光間を開通。日本鉄道は東北本線の建設も手掛けており、現・日光線が開通したことで上野から日光まで鉄道で移動できるようになり、日光への参詣者も一気に増加した（のちに官営鉄道に吸収）。

遅れること約30年、1929年に東武の杉戸（現・東武動物公園）〜東武日光間が開業。ようやく、東武も浅草駅から日光へのルートを確立した。ここから、官VS民の80年近くにわたる日光バトルが始まる。鉄道省の日光線は非電化で蒸気機関車が牽引していたが、東武は94.5kmにも及ぶ日光線全線を当初から複線電化で開業し、ターミナルの浅草から東武日光に乗り入れる定期急行および不定期特急を電車方式で運行した。135.5kmを一気に走る電車列車は少なく、競合の鉄道省より圧倒的に所要時間が短いことが好評となって多くの人たちが東武を利用した。

1956年、国鉄は日光線で準急「日光」の運行を開始。所要時間が約2時間に短縮されたが、東武が電車であるのに対して、国鉄は気動車だった。それでも蒸気機関車からは大きな進歩ではあった。そのため、同年に東武は対抗策として1700系を投

国鉄が日光輸送の王手として1959年に投入した157系。特急並みの設備を持ちながら、運賃を抑えるため種別は準急だった。写真／辻阪昭浩

入するが、国鉄も1959年に日光線を電化し、特急並みの客室設備を誇る157系を準急に投入して巻き返しを図ろうとした。そこで翌60年、東武は決定打となる1720系を投入。デラックスロマンスカー（DRC）と呼ばれた1720系は、客室が冷暖房完備で座席は3段式リクライニングシート、ビュッフェやサロンルームまで完備された豪華な列車だった。こうして日光を巡るバトルは、東武の勝利で幕を閉じ、国鉄は直通列車を縮小していった。

競争から協力へ転換

　東武は1990年に新型特急車両・100系「スペーシア」を日光輸送に投入した。日光輸送は結果的に東武に軍配が上がっていたが、高速道路の整備などもあり、平成に入ると鉄道からバスやマイカーへのシフトが顕著になっていた。

　そこで東武とJR東日本は、日光輸送で協力するように方向転換した。2006年に栗橋駅を境に東武とJRが特急の相互乗り入れを開始。東武からは100系「スペーシア」が新宿駅に、JRからは485系（のちに253系）が東武日光駅に乗り入れた。新宿発着の直通特急が設定されたことで、従来の東京東部だけでなく、東京西部や神奈川からの集客に成功した。また、同じ東武でありながら特急で結べなかった東上線の旅客を、池袋から自社の列車で日光に輸送できるようになったのは、東武にとって悲願であった。両者が手を取り合うことで、国際観光地・日光は新たな局面を迎えることになったのである。

東北本線を走る100系「スペーシア」もすっかりおなじみの光景となった。写真は2007年の撮影で、ノーズには運転1周年記念のステッカーが貼付されている。

直通運転を記念して、「スペーシアきぬがわ」と「日光1号」の1番列車では、それぞれ記念乗車証が配布された。

| 用語解説 | 官VS民 [かんたいみん] | 現在はJRも民だが、国有施設の継承から民鉄（私鉄）に対して官と位置付けられる。鉄道の官VS民では関西私鉄とJRが有名だが、関東でも日光を巡る東武VSJR、羽田空港を巡る京急VSJR、成田空港を巡る京成VSJRといった構図が見られる。東武はJRと同じ軌間なので相互乗り入れが実現した。 |

東武の歴史がわかる東武博物館

交通と文化の東武博物館

東武鉄道では創立90周年の1989年5月20日に「交通と文化の東武博物館」を東向島駅に隣接する高架下に開設した。正面玄関を入ると、開業時から昭和30年代まで活躍した蒸気機関車のB1形5号、その隣には東武初の電車のデハ1形5号と「スペーシア」の大先輩にあたる5700系の前面が並ぶ。

屋外には日光輸送を勝利に導いた立役者のデラックスロマンスカー1720系のカットボディと日光軌道線の路面電車を展示。DRCは豪華な客室空間を味わうこともできる。道を隔てた「SLスクェア」にはB1形6号が展示されている。

人気の運転シミュレーションは電車とバスがあり、運転体験が可能。パノラマ鉄道模型は"関東平野に広がる東武"をイメージした横14m、奥行き7mの大きなもの。東武沿線を凝縮したもので、沿線在住者なら「ここは私が住んでいる街だ!」と分かるだろう。

ハイライトは、ウォッチングプロムナードから眺める実際の電車だ。営業列車を間近で見られる展望スペースを設けた鉄道系博物館は多いが、東武博物館は駅隣接地の高架下という立地を活かして、車両を下から覗き見ることができる。

2009年7月22日には開館20周年を記念してリニューアルされ、流線形に復元された特急用の5700系5701号電車とED101形101号電気機関車が加わるなど、資料を充実させている。以降も資料収集や展示物を増やしており、2012年には8000系8111編成を東武博物館保有として動態保存する試みが行われた。

館内に入るとすぐに東武の黎明期に活躍したデハ1形5号(手前)とB1形5号(奥)が迎えてくれる。

「ネコひげ」の愛称で親しまれた5700系5701号は2009年に追加された。東武にとって戦後復興を象徴する車両である。

CHAPTER 6 第6章

東武鉄道の魅力がもっとわかる

郊外に路線網が広がる東武鉄道は中距離通勤をする利用客も多く、「TJ ライナー」や定期券で乗車できる特急など、快適に通勤ができるようにさまざまな施策が採られている。一方で、沿線には浅草、日光に加え、東京スカイツリー ® といった国内外に有名な観光地も多く、外国人旅行者向けの対応も充実している。

TOBU 68

国際的観光地を擁する鉄道会社
東武の先進的なインバウンド施策

世界文化遺産に登録された二社一寺を擁する国際的観光地・日光と東京の下町・浅草とを結ぶほか、沿線に小江戸川越などを擁する東武鉄道は、古くから外国人向けサービスを取り入れてきた。近年はアジア諸国からの訪問客も増え、よりグローバルな視点での施策が打ち出されている。

多言語対応などで幅広く海外にアピール

2008年3月に「観光活性化標識ガイドライン」が国土交通省によって定められて以降、国を挙げて公共交通機関のインバウンド施策の拡充に取り組んでいる。国土交通大臣が指定した区間については、外国語等による情報提供促進実施計画の作成・実施が義務付けられ、東武では浅草～東武日光・鬼怒川温泉間の伊勢崎線、日光線、鬼怒川線と東上線の池袋～川越間が対象区間として指定された。

その後、2020年のオリンピック・パラリンピックが東京に決定したことを機に、対外向け情報受発信および訪日外国人を対象とした受け入れ環境の拡充、観光ツアーなどの商品開発や販売網の強化など、鉄道を主軸としたさまざまな施策が進められた。東武では2016年の台北支社を皮切りに海外主要都市に代理店を開設し、現地メディアや旅行会社等との連携を強化。訪日客向けの観光案内やツアー商品などの宣伝活動を通じ、グループ各社への呼び込みを図っている。

また、日、英、韓、中（簡・繁）、タイの各言語で沿線観光情報などを発信するウェブサイト「TOBU JAPAN TRIP」を2017年に立ち上げたほか、SNSを活用して広く海外に沿線の魅力をPRしている。このほか、駅券売機の多言語化（上記に加え仏、スペイン）を進めているほか、交通案内のピクトグラムの統一、」祈祷室の設置などユニバーサルなサービスを進化させている。さらに、観光案内所

浅草駅の各所にある主要な看板には、日、英、韓、簡中、繁中で表示されている

の拡充や無料Wi-Fiの提供、観光コンテンツの充実などに取り組んでいる。

路線の特性を生かした外国人向け観光プラン

　東武は日本屈指の観光地である日光・鬼怒川を擁することから、古くから外国人を含む観光利用が盛んで、1964年の東京オリンピック開催を機に「デラックスロマンスカー（DRC）」に日英語対応の"スチュワーデス"を他社に先駆けて乗務させるなど、国際性の高い鉄道会社としての歴史を刻んできた。

　近年は欧米のほか台湾やタイなどアジア各地からの訪日客が増加。日光・鬼怒川・会津エリアと川越エリアを対象に、外国人向けの周遊パスやクーポンを導入し、旅行会社等との提携により成田空港駅・空港第2ビル駅でも発売している。

　また、グループホテルの拡充を図り、2016年に日本におけるリゾートホテルの嚆矢（こうし）である「金谷ホテル」がグループ入りしたほか、「ザ・リッツ・カールトン日光」を2020年に開業させるなど、日光をグレードの高い観光地として海外の富裕層を意識して再構築している。

　このほか、座禅体験プログラムや中禅寺湖ハイキングツアーなどの体験型旅行商品の開発や、日光エリアや浅草・上野などの東京下町散策ができるきっぷなど、路線網をフルに生かした観光プランが提案されている。

浅草駅と池袋駅にある「東武ツーリストインフォメーションセンター」。浅草は日本語・英語・中国語・韓国語・タイ語、池袋は日本語・英語・中国語に対応している。

●訪日外国人向け主な周遊パス

名称	価格／有効日数	鉄道フリー区間	そのほかの割引内容
NIKKO PASS all area	4,780円（12〜4月中旬は4,160円）／4日間	下今市〜東武日光・新藤原間	JR日光駅〜湯元温泉間、世界遺産めぐりバスほか指定バス路線、中禅寺湖機船など　東武ワールドスクウェア・日光江戸村入園割引
NIKKO PASS world heritage area	2,120円（通年）／2日間	下今市〜東武日光・新藤原間	JR日光駅〜東武日光駅〜蓮華石間、世界遺産めぐりバス　東武ワールドスクウェア・日光江戸村入園割引
Taito・Sumida Tokyo Shitamachi Excursion Ticket	500円（通年）／当日限り	浅草・押上〜北千住・亀戸	提携施設・店舗等割引
KAWAGOE DISCOUNT PASS Premium	1,050円（通年）／当日限り	池袋〜川越市間（往復）	東武小江戸名所めぐりバスほかエリア内指定バス　提携店舗割引

用語解説　インバウンド

日本に訪れる外国人観光客のこと。最近はインバウンド（Inbound）という英語表記も多い。日本政府観光局（JNTO）の統計によると、2009年は6,789,658人だったが、2013年は10,363,904人と1千万人を突破。2015年は19,737,409人、2017年は28,690,900人と増加し続けている。

郊外からの通勤を快適にする 有料特急と「TJライナー」「THライナー」

東武の特急は観光地に行く列車、という認識は古いかもしれない。通勤ライナーやJRのグリーン車など、着席通勤を意識した列車が多くの路線で運転されているが、東武では自慢の特急車両に、定期乗車券で乗れる制度を導入。有料特急のない東上線には「TJライナー」を設定して好評を博している。

停車駅と料金体系の見直しなどで需要の変化に対応

　かつて「特別急行」として特別な存在だった特急だが、近年は各鉄道会社で通勤など日常の足として利用されることが多くなっている。東武では伊勢崎線・日光線系統で、特急券等を必要とする有料特急を古くから運転している。このうち、デビュー当初からビジネス色が強かったのが、1969年9月20日に1800系の投入とともに設定された伊勢崎線系統の急行「りょうもう」である（1999年3月16日に特急格上げ）。1990年9月、通勤時間帯の2列車が「ビジネスライナーりょうもう」となり、当時は認められていなかった定期乗車券利用での有料優等列車乗車を東武で初めて取り入れた。

　1997年3月に特急を含む全列車で定期乗車券での利用が可能となり「ビジネスライナー」は廃止されたが、その頃には東武日光・鬼怒川温泉への観光客が減少する一方で、特急の短区間利用が一般化するなど汎用性が高まっていた。

　そこで、停車駅の少なさが売りだった「スペーシア」運用の「けごん」「きぬ」では、北千住や春日部などの停車駅を増やすとともに、1999年3月には特急料金に距離制を導入。短区間利用がしやすい体系に改められた。2003年には平日・土休日料金や時間帯によって割引く「午後割」「夜割」が導入されたが、2023年に廃止。一方、車内発売の加算料金制度を取り入れ、特急券類の事前購入を促すなどの変革を続けている。

特急停車駅のホームに設置された特急券の券売機。定期券でも乗車できるので、ホームで時刻を見てから特急の乗車を決めることができる。

新型車両の導入で誕生した新時代の通勤列車

　2017年4月に500系「リバティ」がデビューすると、編成の分割・併結ができる構造を活かして、野田線に同線初の定期有料特急「アーバンパークライナー」が新設された。これは浅草→大宮・柏（当初は野田市）間1本と大宮〜運河・柏間に3往復運行される都心からの帰宅列車で、特に大宮・柏行きは伊勢崎線と野田線が接続する春日部で大宮行きと柏行きに分割する。また、浅草〜春日部間に運行される「スカイツリーライナー」は、早朝は上りのみ、夜間は下りのみの通勤特急である。

　一方、東上線には2008年6月に座席定員制列車「TJライナー」が設定されている。夕方以降の下り（池袋→森林公園・小川町）と朝の上り（森林公園→池袋）に運転される"通勤ライナー"の一種で、好評を得て運行本数を増やしてきた。使用する50090型には、クロスシートとロングシート双方に転換できるマルチシートが関東で初めて導入され、話題を呼んだ。安価な着席整理券と30分に1本（平日下り）という運転本数の多さで、どの時間もほぼ満席という利用率を誇る。2019年3月16日からは座席指定制に変更され、座席を選べるようになった。

　2020年には伊勢崎線と東京メトロ日比谷線を直通する「THライナー」が設定された。夕方以降の下り（霞ケ関→久喜）と朝の上り（久喜→恵比寿）にマルチシート車の70090型で運転され、主要駅のみ停車する。なお、いずれの特急、「TJライナー」「THライナー」ともチケットレスサービスを導入している。

池袋駅の5番線は「TJライナー」専用乗り場。チケットレスサービスで購入した人は、「のりば」とある箱の端末にスマホのQRコードをタッチする。

用語解説　**チケットレスサービス**

インターネットを通じてきっぷを購入・決済できるシステムで、鉄道や航空などで導入が進められている。東武では特急券と「TJライナー」「THライナー」の着席整理券に対応。スマホ画面の表示がきっぷの代わりとなり、券売機に並ばずともスムーズに乗車することができる。

現在も走る貴重な夜行列車「尾瀬夜行」「スノーパル」「日光夜行」

東武の特色の一つとして、夜行列車の運行が続けられていることが挙げられる。観光シーズンの下り列車のみの運行で、浅草駅の発車時刻から現在は「23:45」の愛称で親しまれている。2018年からは最新の特急車・500系「リバティ」が充当され、快適さが一層高まった。

巧みなダイヤ調整で夜行運転を実現

　東武の夜行列車は、季節ごとに「尾瀬夜行」（夏期／浅草〜会津高原尾瀬口）と「スノーパル」（冬期／同）、「日光夜行」（夏・秋期／浅草または新宿〜東武日光）の愛称で運行されている。長らく浅草23時55分の発車時刻から「尾瀬夜行23：55」「スノーパル23：55」だったが、2022年6月から23時45分発に変更され、列車名も「尾瀬夜行23：45」「スノーパル23：45」に変更された。いずれもツアー列車の扱いで、連絡バスや現地観光施設利用券などとのセットで乗車券を発売。駅窓口での取り扱いはなく、東武トップツアーズなどで乗車1カ月前から当日17時までに購入する仕組みである。深夜遅くに発車する夜行列車ではあるものの、運転距離の関係から「尾瀬夜行23：45」と「日光夜行」では終点到着後に車内での仮眠時間を確保。「スノーパル23：45」では途中の新藤原で時間調整をして利用の便を図っている。終点からは専用バスなどが連絡し、それぞれのツアーに沿った観光コースが用意されているが、復路はツアー商品の中から自由に選ぶことが可能だ。

　2017年4月に300型が引退した後は、10月の「日光夜行」で100系

2018年から500系「リバティ」が投入された「スノーパル23:55」。リクライニングが可能な最新の特急車両になり、快適性が高まった。側面の行先表示器は「臨時」と表示。

「スペーシア」が充当されたほか、2018年の「尾瀬夜行23:55」と「スノーパル23:55」から500系「リバティ」に変更された。

他社直通の夜行列車も運行

　東武鉄道で最初に夜行列車がお目見えしたのは1955年7月。浅草発東武日光行き山岳夜行列車「こんせい号」として運転されたのが、現在の東武夜行の祖先といえる。同年8月末日までの土曜日の深夜0時15分（日付は日曜日）に浅草を発車、東武日光からバスや軌道に乗り換えて奥日光へと向かうルートは常に満席という人気列車だった。翌56年には浅草～中央前橋間（赤城～中央前橋間は上毛電気鉄道）に「赤城夜行」も登場し、1967年まで運行された。

　1986年、東武鉄道と野岩鉄道会津鬼怒川線との直通運転がスタートすると、同年12月にスキー列車「スノーパル23:50」（快速急行）がデビュー。翌87年5月には「尾瀬夜行23:50」（同）が登場し、季節別に3夜行が出揃うこととなった。このうち、「日光夜行」は1998年で運行を中止したものの2016年に復活。JR東日本の新宿発が設定されるなど、新たなルートも出現している。

　私鉄中トップクラスの長距離路線網を持つ東武ではあるが、夜行運転となると十分な距離があるわけでもない。それでも全国的に衰退した夜行列車の運行を現在も続けているところは、東武鉄道の魅力のひとつである。

●2023年運転の夜行列車の時刻

停車駅等	尾瀬夜行	スノーパル
浅草 発	23:45	23:45
北千住 発	0:00	0:00
新越谷 発	0:14	0:14
春日部 発	0:30	0:30
東武日光 着	‖	‖
会津高原尾瀬口 着	3:08 ※1	5:23
会津高原尾瀬口 発	4:20 ※2	6:00 ※3
尾瀬沼山峠 着	6:10 ※2	
たかつえスキー場 着	‖	6:30 ※3
だいくらスキー場 着	‖	6:50 ※3
運転日	6～10月	12月下旬～3月中旬

※1　3:50頃まで車中仮眠可
※2　尾瀬夜行専用バス
※3　連絡バス

2017年までは300型が使用されていて、前面のヘッドマークと側面の行先表示幕も用意されていた。

用語解説　夜行列車 [やこうれっしゃ]

実は「夜行列車」に明確な定義はなく、便宜的に呼ばれているに過ぎないが、日付をまたいで運行し、朝以降に終着駅に着く列車を指すことが一般的だ。JRを含め日本の鉄道で衰退が進み、定期夜行列車は「サンライズ瀬戸・出雲」のみとなっている中、東武夜行は貴重な存在といえる。

鉄道産業文化遺産の保存と活用 「SL復活運転プロジェクト」

2017年8月10日、東武鬼怒川線に蒸気機関車の躍動が甦った。佐野線での運行を最後に51年ぶりの復活となったSL列車は「SL大樹」と名付けられ、鬼怒川エリアの新たな観光資源となった。2020年8月からは日光線でも「SL大樹ふたら」が運転を開始。自社で動態化復元も行い、3機体制で運行されている。

蒸気機関車列車運行と同時に施設もレトロ調に

「SL大樹」は東武鬼怒川線の下今市〜鬼怒川温泉間12.4kmで運行されている蒸気機関車牽引列車だ。C11形207号機を先頭に、JR四国から譲渡された14系客車（座席車）3両のほか、車掌車・ヨ8000形、DE10形ディーゼル機関車からなる編成で運転。デビュー1周年を前にした2018年7月14日に乗客10万人を達成し、鬼怒川エリアの観光の目玉として高い人気を維持し続けている。

2020年8月には下今市〜東武日光間、東武日光〜下今市〜鬼怒川温泉間の「SL大樹ふたら」も設置。自社で動態化復元を行っているところに真岡鐵道から購入した機関車も加わり、現在は3両のC11形が運行されている。

東武鉄道がSLの復活運転に乗り出したのは2012年。前年の東日本大震災を受け、グループ中期経営計画を策定するなかで浮上したアイデアであった。「鉄道会社ならではの地域活性化施策」を練る途上、下今市駅構内で確認された転車台設備の遺構が「SL復活運転プロジェクト」への引き金となったのである。

下今市駅構内に設置された下今市SL機関庫。左が排煙装置のあるSL対応ピット、右は平場ピット。さらに外に洗浄線が1線ある。

東武鉄道ではプロジェクトに「鉄道産業文化遺産の保存と活用」「日光・鬼怒川エリアの活性化」「東北復興支援の一助」という3つのテーマを掲げた。これに沿って、沿線テーマパークや温泉、史跡巡りなどと併せてSL列車を楽しんでもらえる環境づくりを構築。同時に下今市駅を木造のレトロ調に改装し、機関庫の新設や転車台見学広場を整備。さらに駅長や駅係員、機関士らにレトロ調の制

服をあつらえるなど、「昭和レトロ・ノスタルジー」が演出されている。

幅広い協力のもと実現した復活運転

1966年に東武鉄道から蒸気機関車の火が消えておよそ半世紀。復活運転にあたって乗り越えるべき課題は多かった。まず、東武鉄道内に運転可能な蒸気機関車は皆無で、客車なども新規にそろえなければならない。さらに蒸機運転のノウハウも喪失していたため、機関士らの育成や施設の整備も必須だ。

そこで、全国各地の鉄道会社から支援や協力を仰ぐこととなった。牽引蒸機としてC11形207号機がJR北海道から貸与されたのをはじめ、各種車両や転車台などの設備、検修施設の設置などでも各社からの協力を得た。蒸気機関車、客車、車掌車は車両等の産業文化遺産の保存実績がある東武博物館が、ディーゼル機関車は東武鉄道が貸与・譲受をした。さらに機関士および機関助士、検修員を社内で選抜し、蒸気機関車の運行実績があるJR北海道、秩父鉄道、大井川鐵道、真岡鐵道で養成研修を受けた。

また、日光市観光協会が事務局となった「いっしょにロコモーション協議会」が設立され、沿線との連携を強化。観光PRやイベントなどが取り組まれた。

さらに2020年12月には、真岡鐵道から購入したC11形325号機を導入。2022年には元江若鉄道のC111を動態化復元し、C11形123号機として運行。3機体制で運転を行っている。

大手私鉄で初めて、蒸気機関車の動態化復元が行われたC11形123号機。

鬼怒川温泉駅構内の転車台に載るC11形207号機とヨ8000形。JR西日本の三次駅から移設された。

用語解説

C11形
[しーじゅういちがた]

C11形は、鉄道省が1932年に投入したタンク式蒸気機関車。東武でも1945〜63年に同型機が1両導入されていた。207号機は1941年に製造され、国鉄時代から一貫して北海道で活躍。一時は車籍が抹消されていたがJR化後に復帰した。動態復元された元C11形1号機は1947年の江若鉄道発注車。

沿線の魅力を高める 東武グループのレジャー施設

東武グループの中で、中心となる運輸関連と並んで触れる機会が多いのがレジャー事業だろう。ホテルやテーマパーク、スポーツクラブ、ロープウェイ、遊覧船など多方面に事業を展開する。ここでは24ページで紹介したホテル事業を除く、レジャー・スポーツ関連の事業を紹介する。

東武の顔ともいえるふたつのテーマパーク

　東武は日光・鬼怒川という観光地に路線網を持ち、レジャー利用の多い鉄道会社となっている。企業としても古くから観光地開発やレジャー関連施設の運営に着目し、自社沿線だけに留まらない事業展開をしてきた。

　ランドマーク的な存在なのが、東武動物公園と東武ワールドスクウェアである。東武動物公園は、東武鉄道創立80周年記念事業として1981年3月にオープン。約53haの広大な敷地に、動物園と遊園地、プールなどが融合した「ハイブリッド・レジャーランド」で、1年を通じて幅広い年代が楽しめるのが特徴だ。最寄りの杉戸駅は施設の開業に合わせて「東武動物公園駅」と改称されたが、終点となる列車が多い駅のため、自社線や日比谷線の構内放送で「東武動物公園」と連呼されて知名度が高まり、大きな宣伝効果があった。

　東武ワールドスクウェアは「世界の遺跡と建築文化を守ろう」をテーマに、世界各地の遺跡や建築物を25分の1スケールで再現。ピラミッドやパルテノン神殿、万里の長城などの世界文化遺産に指定された歴史的建造物のほか、東京駅や成田

動物園と遊園地の融合という、新たなレジャー施設のあり方を提案した東武動物公園。広大な庭園もあり、幅広い世代が楽しめる。写真提供／東武鉄道

東武動物公園の人気イベント、動物パレード。歩けない動物は車に乗せられて園内を回る。

国際空港、東京スカイツリー®、台北101などの現代建築の精巧な再現は迫力満点だ。2017年7月には鬼怒川線に東武ワールドスクウェア駅が開業し、特急や「SL大樹」も停車するなど、アクセスの利便性が向上した。

　もうひとつ、チェックしておきたいのが東京スカイツリータウン®で、沿線観光の主役となっている。こちらは168ページで別途詳しく紹介する。

日本と世界の名建築をミニチュア模型で再現した東武ワールドスクウェア。48物件はユネスコの世界文化遺産に登録されている。写真提供／東武鉄道

ゴルフ場や旅行会社も運営

　東武グループでは、5つの事業を展開しているが、レジャー事業は運輸事業の29社に次ぐ23社という規模である。沿線の栃木県・群馬県を中心に7カ所のゴルフ場を運営。栃木県内には宮の森カントリークラブ（以下CC）、星の宮CC（ともに壬生町）、東武藤が丘CC（栃木市）の3施設、群馬県内には桐生CC（桐生市）、下仁田CC（下仁田町）の2施設、埼玉県内には朝霞パブリックゴルフ場（朝霞市）の1施設があり、さらに北海道にユニ東武ゴルフクラブ（夕張郡由仁町）の1施設がある。経営・運営はいずれも東武のグループ企業が行っている。

　このほか、フィットネスクラブをはじめとするスポーツ施設などをグループ会社が運営。蔵王ロープウェイ㈱も東武グループ傘下の企業である。

　また、旅行会社の東武トップツアーズ㈱が旅行代理店を運営。東武の主要駅を中心に店舗を構え、国内・海外のさまざまな旅行商品のほか、東武グループならではの商品も取り扱っている。

都心からのアクセスも良い、栃木市にある東武藤が丘カントリー倶楽部。写真提供／東武鉄道

用語解説　**世界文化遺産** ［せかいぶんかいさん］

ユネスコが定める世界遺産のうち記念物と建造物、遺跡の3分野が文化遺産として登録されており、産業遺産や伝統・信仰などの分野も対象とされる。2021年7月現在、世界中で897件、日本では「法隆寺地域の仏教建造物」や「富士山─信仰の対象と芸術の源泉」など20件が登録されている。

CHAPTER 6

東武沿線の新しい観光スポット
東京スカイツリー®が変えた新しい浅草

新時代の電波塔として2012年5月に開業した東京スカイツリーは、東武鉄道が事業主体となって建設されたものである。634mと世界一の高さを誇るタワーは計画段階から広く話題を呼び、周囲は建設中から多くの見物客でにぎわった。国内屈指の観光名所として親しまれ、海外からの観光客も多い。

空から見た東京スカイツリー。東京を代表する名所として国内外に広く知られる。写真提供/東武鉄道

東武鉄道が事業主体となって誕生した巨大タワー＆タウン

　東京スカイツリーが産声を上げたのは2003年12月。NHKと民間テレビ局5社が合同で「在京6社新タワー推進プロジェクト」を立ち上げたのである。これは、東京都心の発展に伴い200mを超す超高層ビルが林立し、従来の東京タワー（333m）をはるかにしのぐ600m級の新電波塔の必要性が説かれているなかでの発足であった。

　多くの候補地の中から2006年3月、業平橋貨物駅の跡地を中心とした業平橋・押上地区が新タワーの建設地として正式決定。すでに新タワー事業への参画を表明していた東武鉄道は全額出資による新東京タワー（株）を設立。同時に新タワーを中心とした大規模複合開発プロジェクトに取り組むこととなった。

　新タワーは「東京スカイツリー」と命名され、2012年2月29日に竣工。高さは

634mで、地上350mの高さにはレストランやカフェ、ショップなどのある天望デッキ、高さ450m地点には天望回廊を設けている。なお、2011年11月17日にギネスワールドレコード社から「世界一高いタワー」として認定された。

2012年3月17日には伊勢崎線業平橋駅がとうきょうスカイツリー駅に改称されるとともに、同線の浅草・押上〜東武動物公園間に東武スカイツリーラインの愛称が導入されるなど、鉄道側でも新タワーをアピールする施策が進められている。同年5月22日には、東京スカイツリータウン®が全面開業。とうきょうスカイツリー駅と押上駅とを結ぶ東西約400m、約3.69haの巨大複合施設が誕生した。

街歩きや周遊型観光コースとしても人気に

東京スカイツリータウンは、東京スカイツリーを中心に東京ソラマチ®（ショッピングセンター）や東京スカイツリーイーストタワー®（オフィスなど）、コニカミノルタプラネタリウム"天空"in東京スカイツリータウン（多機能型ドームシアター）、すみだ水族館などで構成。2021年10月には来場者が3億人を突破するなど、東京都心の新たなランドマークとして存在感を見せている。東武では「シタマチ・ワンダーランド計画」を掲げ、東京スカイツリータウンの店舗の入れ替えやイベントの実施などを行い、魅力の継続を進めている。

東京スカイツリーは隅田川を挟んで浅草の中心部からほぼ1km圏内にあり、古くから人気が高い浅草散策に新たなスポットが加わった形になった。2020年6月には隅田川に架かる鉄道橋に沿って両エリアを結ぶ「すみだリバーウォーク®」が開設され、北十間川沿いの高架下には商業施設「東京ミズマチ®」が開業した。

また、東武バスでは東京スカイツリーへのアクセスとしてスカイツリーシャトル®を運行。観光の足などとして利用されている。

6路線あるスカイツリーシャトルのうち、上野・浅草線ではガラスルーフのバスも使用される。

| 用語解説 | 業平橋貨物駅 [なりひらばしかもつえき] | とうきょうスカイツリー駅の前身・業平橋駅は、伊勢崎線のターミナル駅として浅草駅を名乗っていた時代があった。一方、古くから隅田川などを介した貨物基地としても位置付けられ、1993年まで貨物ターミナルとして物流の一端を担ってきたのである。ヤード跡地は東京スカイツリータウンとなった。 |

チケットレスの特急券やアプリも インターネットを使った便利なサービス

インターネットによる特急指定席の予約や、路線情報などを提供するアプリが各社で導入されているが、東武でももちろん用意されている。チケットレスサービスについては、登録の有無で2種類があり、利用指向に応じて選択可能。スマートフォン向けアプリでは運行情報や時刻などを提供している。

東武線の情報がすぐに分かるアプリ

東武鉄道では、ポータルサイトをはじめ、各種情報サイトを運営し、利用促進や旅客サービスに生かしている。通勤通学で日常的に東武を利用するユーザーにお勧めなのがスマートフォン向け運行情報アプリ「TOBU POINT アプリ」である（2023年3月に東武アプリと統合）。

サービス利用料は不要。列車運行情報や駅の発車時刻、列車走行位置などの各種案内のほか、遅延証明書などに対応している。運行情報では振り替え輸送の迂回経路などをマップ形式で表示。マイ駅登録によって列車の発車時刻案内が表示可能だ。なお、情報内容は路線により異なり、機能は随時アップデートされている。

「東武ネット会員サービ

運行情報マップ
不通区間や振替輸送区間がマップで表示される。

発生事象詳細表示
遅延情報、運転再開見込み、振替輸送路線を案内。

発車時刻表示
現在時刻以降20本分の列車発車時刻を一覧で表示。

停車駅・到着時刻表示
選択した列車の停車駅・到着時刻一覧を表示。

列車走行位置
走行位置や運行状況を列車ごとに表示

駅トイレ個室空き情報
池袋駅構内にある個室トイレの空き状況を表示。

ス」は入会金・年会費不要で、スマートフォンなどの携帯端末やパソコンで特急券・着席整理券が購入できるほか、東武線内の「運行情報メール」の配信など実用性の高いサービスが用意されている。

「チケットレスサービス」は専用サイトを通じてクレジットカードで特急券、TJライナー・THライナー着席整理券を購入できるというもの。乗車の際は、係員に携帯端末の当該画面を提示するだけで乗車できる。特急（JR線直通特急と「スカイツリートレイン」を除く）と「TJライナー」「THライナー」に有効で、乗車1カ月前（「TJライナー」は乗車1週間前、または東武カード決済時は14日前）から発車時刻の3分前まで購入が可能。払い戻しや乗車変更などにも対応している。東武カードで決済すれば「乗得ポイント」も獲得できる。「運行情報メール」は30分以上の遅れと運行見合わせ（見込みを含む）が生じた場合に、情報がメールで届く。

　また、会員登録なしで利用できる「特急券インターネット購入・予約サービス」も用意。端末画面で乗車できるチケットレスサービスのほか、予約のうえで駅（押上、みなみ寄居、寄居と駅員無配置駅を除く）や東武トップツアーズで特急券に引き換えることもできる。こちらはJR直通特急と「スカイツリートレイン」を除く特急が対象となっている。

子ども向けサイトやSNSも発信

　子ども向けのウェブサイトとして「TOBU Kids（と〜ぶキッズ）」がある。小学生をメインターゲットとし、電車動画コンテンツ、イベント情報のほか、塗り絵やペーパークラフトなどのコンテンツも用意されている。「東武のおしごと」では鉄道だけでなく東武動物公園や東武ホテルの仕事もあり、動画を用意して分かりやすく解説している。また、車両や車両工場の紹介、東武鉄道路線の移り変わりなどは、子ども向けながら大人が見ても興味深い内容だ。このサイトを通じて、体験型イベントの参加者を募集することもある。

　そのほか、SNSを通した情報発信にも取り組んでいて、国内向けのFacebook「姫宮なな@東武鉄道お客さまセンター」のほか、中華圏向けの新浪微博と微信にも公式アカウントを開設している。

用語解説　東武カード
［とうぶかーど］

東武グループ傘下の㈱東武カードビジネスが発行しているクレジットカード。通常のカード機能のほか、東武鉄道をはじめグループ各社での利用に付与ポイントの割増や割引などの優待サービスを多数用意。「PASMO」のオートチャージサービスなど鉄道会社らしい使い方も可能だ。

近年の形式はほぼコンプリート
東武鉄道のNゲージモデル

東武鉄道は特急車・通勤車と車種が多いこともあり、Nゲージ鉄道模型は完成品が各社から発売されている。年代も幅広く、模型化されている車種も豊富なので、さまざまな楽しみ方ができる。

模型もカラフルな「スペーシア」

　Nゲージの完成品モデルをいち早く手掛けたのはTOMIXであろう。1980年代から大手私鉄の特急形電車を模型化していた同社では、1990年代に100系「スペーシア」を発売。改良を重ねながら現在も発売されていて、登場時カラー、DRCカラー、粋カラー、雅カラー、サニーコーラルオレンジカラー、日光詣スペーシアとさまざまな塗色がラインナップされている。また、500系「リバティ」は3両基本セットと増結セットを発売。ユニークなところでは、2軸貨車のワラ1形タイプがある。鉄道コレクションの電気機関車に牽引させて楽しみたい。

　老舗メーカーのひとつ、KATOでは東上線の50070型のほか、東武スカイツリーラインの50050型も発売。8000型は更新車と後期更新車東上線が模型化され、8000型更新車の最盛期らしい編成を再現できる。

　トミーテックの鉄道コレクションでは、8000系列が充実。丸い前灯の原形、近年のリバイバルカラー、短縮改造車の800・850型など種類も豊富だ。このほか、地下鉄直通用の9000系、2扉車の6050型も発売する。引退した車両も多く、5700系、初代日比谷線直通用の2000系、気動車のキハ2000熊谷線、さらに日光軌道線100形と充実。電気機関車のED5010形、ED5060形、ED5080形と車掌車ヨ101形もあり、貨物列車も楽しめる。

TOMIXの「東武500系リバティ基本セット」。3両でフル編成なので入門にも最適。写真提供／TOMIX(2枚とも)
東武鉄道商品化許諾済　© TOMYTEC

先頭車の運転台側には細密なのに連結できるTNカプラー(SP)を装備。増結セットに付属のパーツで開いている姿も再現できる。

KATOの「東武スカイツリーライン50050型」。東京メトロや東急電鉄の車両と並べて楽しみたい。写真提供／KATO

KATOの「東武鉄道8000系（後期更新車）東上線」。8両貫通編成が再現できる。写真提供／KATO

近年の通勤車が充実

　マイクロエースでは、特急形はDRC1720系・1700系、急行「りょうもう」の1800系と改造された300型・350型、後継の200系を発売。通勤形は8000系のさまざまな姿をラインナップするほか、50000系列は50000型の第1編成と第2編成、50050型、50070型、50090型「TJライナー」と充実している。日比谷線直通用の20000系列は、地下鉄時代の3形式のほか、転用後の20400型各種も模型化。さらに東上線の9000型（量産車・リニューアル車）、旧型車を更新した5000系・5070系がラインナップされている。

　グリーンマックスの完成品モデルでは、50000系列の50000型、50050型、50070型タイプ、50090型（TJライナー）、野田線の60000系、日比谷線直通用の70000型・70090型（THライナー）と新世代車が充実。このほか10000系列各種、6050型と634型「スカイツリートレイン」、30000系があるほか、塗色変更車やラッピング車の充実ぶりも特筆される。また、完成品が充実する前から東武ファンを支えてきたエコノミーキットの10000型、8000系（旧前面）も忘れてはならない製品だ。

マイクロエースの「東武9000型　リニューアル車　ロゴマーク付」。9000型は人気のモデルで、仕様を変えて3度発売されている。写真提供／マイクロエース

用語解説

鉄道コレクション
［てつどうこれくしょん］

「鉄コレ」の愛称で親しまれている、TOMIXと同じトミーテックが展開するNゲージスケールの車両モデル。Nゲージは走らせることが前提だが、鉄コレは単体では走行できないディスプレイモデル。別売の動力ユニットなど走行化パーツと組み替えると、Nゲージと同様に走らせられる。

東武鉄道のフリーペーパー

全線、沿線、エリア別まで多彩

　東武では2023年7月現在、6誌のフリーペーパーが定期または不定期で発行されている。毎月1日に発行される『マンスリーとーぶ』は、東武鉄道沿線を幅広く特集。インタビュー記事や駅散歩など読み応えのある内容となっている。

　同じく東武沿線全体を扱う『MeMOt（ミモット）』は、2021年7月に発刊された年4回（6・9・12・3月）発行のタブロイド情報誌。新しい情報誌らしく、WEB版に加え公式LINEアカウントも開設され、掲載するショップ等で利用できるオリジナルクーポンを発行するほか、お友達登録で最新号の通知を受け取ることもできる。

　また、東上線に特化したフリーペーパーもあり、月刊『ゆあ（Your）東上』は沿線情報や東武百貨店池袋本店の情報などが満載。野田線（東武アーバンパークライン）には『東武アーバンパークライン』が不定期刊行されている。このほか、日光・鬼怒川エリアの

『駅カラ　日光＆鬼怒川』、川越エリアの『川越お散歩手帖』は旅先に到着してから役立つ情報が満載だ。

　いずれも沿線の街情報など、散策や暮らしに役立つ情報が満載。東武線各駅で入手できるので、お出かけの際には駅構内などをチェックしてほしい。また、公式サイト（https://www.tobu.co.jp/odekake/magazine/）から電子版でも楽しむことができる。

東武が発行するフリーペーパーの中でも、中心となる存在の「マンスリーとーぶ」。

東上線沿線に特化した「ゆあ東上」。臨時列車や沿線のイベントなども掲載。

参考文献

東武鉄道　発行

東武鉄道百年史(1998年)、東武鉄道六十五年史(1964年)、東武鉄道会社概要2022
写真で見る東武鉄道80年―明治、大正、昭和三代の変遷(1977年)

一般刊行物等

日本の私鉄10 東武(花上嘉成・安田 理/保育社/1981年・1991年)、東武鉄道のひみつ(PHP研究所/2013年)
ヤマケイ私鉄ハンドブック3 東武(吉川文夫/山と渓谷社/1982年)、私鉄車両年鑑 各号(イカロス出版)
ステイション新宿(新宿区立新宿歴史博物館/1992年)、とーぶVol.6(東武電車研究会会報)
東武デラックスロマンスカー(花上嘉成/JTB/2004年)
図説 私鉄全史(学研/2004年)、週刊 歴史でめぐる鉄道全路線 東武鉄道1・2(朝日新聞出版/2010年)
都営三田線開業50周年記念「いたばし大交通展〜江戸時代の街道から鉄道まで〜」(板橋区立郷土資料館/2018年)
鉄道ファン誌 各号、鉄道ピクトリアル誌 各号、鉄道ジャーナル誌 各号　など

STAFF

編　　　　集	林 要介(「旅と鉄道」編集部)
執　　　　筆	小川裕夫(第1章・第5章)、高橋誠一(第2章 10-21)、杉浦 誠(第2章 22-25)、西森 聡(第3章)、小寺幹久(第4章)、植村 誠(第6章)、「旅と鉄道」編集部(改訂版)
デザイン・図版作成	宗方健之輔・竹内真太郎・新井良子・塩川丈思
カ バ ー イ ラ ス ト	江口明男
地 図 作 成	ジェオ
写真・資料協力	東武鉄道株式会社、東武博物館、児島眞雄、辻阪昭浩、岸本 亨、高橋 徹、PIXTA、Photo Library

※本書の内容は2023年8月1日現在のものです。
※本書の内容等について、東武鉄道およびグループ各社へのお問い合わせはご遠慮ください。

鉄道まるわかり004

東武鉄道のすべて 改訂版

2023年9月11日　初版第1刷発行

編　者	「旅と鉄道」編集部
発行人	藤岡 功
発　行	株式会社天夢人 〒101-0051　東京都千代田区神田神保町1-105 https://www.temjin-g.co.jp/
発　売	株式会社山と溪谷社 〒101-0051　東京都千代田区神田神保町1-105
印刷・製本	大日本印刷株式会社

◎内容に関するお問合せ先
「旅と鉄道」編集部 info@temjin-g.co.jp　電話03-6837-4680
◎乱丁・落丁に関するお問合せ先
山と溪谷社カスタマーセンター
service@yamakei.co.jp
◎書店・取次様からのご注文先
山と溪谷社受注センター
電話048-458-3455　FAX048-421-0513
◎書店・取次様からのご注文以外のお問合せ先
eigyo@yamakei.co.jp